suhrkamp taschenbuch
wissenschaft 297

In diesem 1925 abgeschlossenen Text zeigt sich bereits deutlich, was Kracauers ganzes Denken auszeichnet: der Blick des »wunderlichen Realisten« saugt sich gleichsam an den Sachen fest; apokryphe Phänomene, z. B. die banalen Topoi eines literarischen Genres, werden ihm zu geschichtsphilosophischen Allegorien, die Licht werfen auf die gesellschaftliche Wirklichkeit, als deren Ablagerung sie erscheinen.

Aus der Einleitung: Der Detektiv-Roman, den meisten Gebildeten nur als außerliterarisches Machwerk bekannt, das in den Leihbibliotheken sein Dasein auskömmlich fristet, ist allmählich zu einer Stellung aufgerückt, der Rang und Bedeutung nicht wohl abgesprochen werden können. Zugleich hat seine Gestalt feste Konturen angenommen. Er ist in seinen exemplarischen Schöpfungen längst kein trübes Mischprodukt mehr, in dem die Abwässer aus Abenteuerromanen, Ritterbüchern, Heldensagen, Märchen zusammenfließen, sondern eine bestimmte Stilgattung, die eine eigene Welt mit eigenen ästhetischen Mitteln entschieden darstellt. . . . Was in sachlicher und ästhetischer Hinsicht durchaus verschiedene Werke [sämtlich] verbindet und prägt, ist die Idee, von der sie zeugen und aus der heraus sie gezeugt sind: die Idee der durchrationalisierten zivilisierten Gesellschaft, die sie mit radikaler Einseitigkeit erfassen und in der ästhetischen Berechnung stilisiert verkörpern.

Siegfried Kracauer
Der Detektiv-Roman

Ein philosophischer Traktat

Suhrkamp

Der hier vorgelegte Text ist identisch mit der erstmals gedruckten Fassung von *Der Detektiv-Roman* in: Siegfried Kracauer, *Schriften 1*, Frankfurt 1971, Seite 103-204

Bibliografische Information der Deutschen Nationalbibliothek
Die Deutsche Nationalbibliothek verzeichnet diese Publikation
in der Deutschen Nationalbibliografie;
detaillierte bibliografische Daten sind im Internet über
http://dnb.d-nb.de abrufbar.

suhrkamp taschenbuch wissenschaft 297
Erste Auflage 1979
© Suhrkamp Verlag Frankfurt am Main 1971
Suhrkamp Taschenbuch Verlag
Alle Rechte vorbehalten, insbesondere das der Übersetzung,
des öffentlichen Vortrags sowie der Übertragung
durch Rundfunk und Fernsehen, auch einzelner Teile.
Kein Teil des Werkes darf in irgendeiner Form
(durch Fotografie, Mikrofilm oder andere Verfahren)
ohne schriftliche Genehmigung des Verlages reproduziert
oder unter Verwendung elektronischer Systeme
verarbeitet, vervielfältigt oder verbreitet werden.
Satz: LibroSatz, Kriftel
Druck: Books on Demand, Norderstedt
Printed in Germany
Umschlag nach Entwürfen von
Willy Fleckhaus und Rolf Staudt
ISBN 978-3-518-27897-0

Inhalt

Einleitung 9
Sphären 11
Psychologie 30
Hotelhalle 38
Detektiv 50
Polizei 65
Verbrecher 78
Wandlungen 86
Prozeß 98
Ende 131

*Theodor Wiesengrund-Adorno,
meinem Freunde*

Einleitung

Der Detektiv-Roman, den meisten Gebildeten nur als außerliterarisches Machwerk bekannt, das in den Leihbibliotheken sein Dasein auskömmlich fristet, ist allmählich zu einer Stellung aufgerückt, der Rang und Bedeutung nicht wohl abgesprochen werden können. Zugleich hat seine Gestalt feste Konturen angenommen. Er ist in seinen exemplarischen Schöpfungen längst kein trübes Mischprodukt mehr, in dem die Abwässer aus Abenteuerromanen, Ritterbüchern, Heldensagen, Märchen zusammenfließen, sondern eine bestimmte Stilgattung, die eine eigene Welt mit eigenen ästhetischen Mitteln entschieden darstellt. Von einigem Einfluß auf diese Entwicklung mag Edgar Allan Poe gewesen sein, dessen Dichtungen zum ersten Male die Figur des Detektivs rein auskristallisiert und dem intellektuellen Schauer gültigen Ausdruck verliehen haben. In der durch ihn gewiesenen Richtung liegen, um nur ein paar Namen zu nennen, die Sherlock-Holmes-Romane Conan Doyles, die Romane von Gaboriau, Sven Elvestad, Maurice Leblanc, Paul Rosenhayn; auch der Outsider Otto Soyka, Frank Heller, Gaston Leroux – Werke, die trotz gewichtiger sachlicher und ästhetischer Abweichungen im einzelnen *einer* Bedeutungsschicht angehören und ähnlichen Formgesetzen gehorchen. Was sie sämtlich verbindet und prägt, ist die Idee, von der sie zeugen und aus der heraus sie gezeugt sind: die Idee der durchrationalisierten zivilisierten Gesellschaft, die sie mit radikaler Einseitigkeit erfassen und in der ästhetischen Brechung stilisiert verkörpern. Nicht um die naturgetreue Wiedergabe jener Zivilisation genannten Realität selber ist es ihnen zu tun, vielmehr von vornherein um die Hervorkehrung des intellektualistischen Charakters dieser Realität; sie halten dem Zivilisatorischen einen Zerrspiegel vor, aus dem ihm eine Karikatur seines Unwesens entgegenstarrt. Das Bild, das sie darbieten, ist erschreckend genug: es zeigt einen Zustand der Gesellschaft, in dem der bindungslose Intellekt seinen Endsieg erfochten hat, ein nur mehr äußeres Bei- und Durcheinander der Figuren und Sachen, das fahl und verwirrend anmutet, weil es die künstlich ausgeschaltete Wirklichkeit zur Fratze entstellt. Der Internationalität dieser vom Detektiv-Roman gemeinten Gesellschaft entspricht genau sein internationaler Geltungsbereich, ihrer Gleichförmigkeit in den verschiedenen Ländern die Unabhängigkeit seiner Struktur und Hauptgehalte von nationalen Eigentümlichkeiten. Immerhin verleihen solche ihm eine jeweils wechselnde Tönung, und es ist gewiß kein Zufall, daß die hochzivilisierten Angelsachsen gerade seinen Typus gefunden und scharf herausgeformt haben.

Sphären

Der durch den Detektiv-Roman abgesteckte Gesellschafts- und Weltbereich ist nur einer von vielen, er bezeichnet eine Stufe menschlichen Seins, der andere Seinsstufen an Wirklichkeitsgehalt übergeordnet sind. Umgreift die Sphäre, die er darstellt, einen lediglich von der emanzipierten ratio verbürgten Zusammenhang, so geben die höheren Sphären mehr und mehr dem Gesamtmenschen Raum, dem die ratio eingetan ist. In jener hohen Sphäre, der »religiösen« nach Kierkegaard, in der die Namen sich erschließen, steht das Selbst in der Beziehung zu dem oberen Geheimnis, die es ganz existent macht. Wort und Tat, Sein und Gebilde rücken hier unmittelbar an die äußerste Grenze, das Gelebte ist wirklich, das Erkannte von letzter menschlicher Gültigkeit. Sagt der Mensch der Beziehung ab, so entwirklicht er sich, aber auch dann noch, fern und außerhalb der Beziehung, bleiben die Befunde der hohen Sphäre unerschütterlich in Kraft. Sie sind gemeint mit ihrer Entstellung, die selber sie nicht mehr meint, denn in dem trüben Medium erscheinen die Dinge zerbrochen wie das Bild des ins Wasser getauchten Stabes, und alle Namen werden bis zur Unkenntlichkeit verstümmelt. Gott, wie er inmitten der Wirklichkeit erfahren wird, zerstiebt in den unteren Orten zur bloßen Idee oder entschwindet gar in den Schatten, den wirklichkeitsleere Entitäten und nichtige Relationen werfen; das Seiende löst sich in die Elemente eines unendlichen Prozesses auf, das in der Beziehung Vernommene gibt sich als intuitives Erlebnis, und das nach oben gerichtete Streben über die paradoxen Formen hinaus verkehrt sich zum eindimensionalen Streben von den erstarrten Formen fort. Die krausen Erkenntnisse und Haltungen der niederen Regionen haben also in den höheren Sphären ihre Entsprechungen, die Kunde, die sie bringen, stellt uneigentlich ein Eigentliches dar. Erst ihre Projektion auf die durch sie verzerrten Gehalte macht die Zerrbilder durchscheinend: sie sind, soll ihre Bedeutung aus den Hüllen befreit werden, so lange zu transformieren, bis sie verwandelt in dem Koordinatensystem hohen Sphärenorts wiederkehren, wo sie auf ihren Sinn geprüft werden mögen. Bei dieser Transformation gilt es zu beachten, daß die Begriffe und Lebensgestaltungen der niederen Sphären zumeist zweideutig sind. Einmal entspricht ihr Gemeintes durchaus den Bedingungen, denen die von ihnen konstituierte Sphäre untersteht. Zum andern können sie, da der Weg der Umkehr stets gangbar und die Entscheidung überall freigegeben ist, Intentionen in sich bergen, die dieser Sphäre nicht gemäß sind, sondern nur in einer höheren die wirklich legitime Formulierung erhalten. Treten solche Intentionen in einem der Wirklichkeit entsunkenen Denk- und Lebenszusammenhang auf, so müssen sie sich zu ihrer Darbietung eines inadäquaten Materials bedienen; zu den Verzerrungen, die ihren Grund in der Hinnahme der uneigentlichen Voraussetzungen haben, gesellen sich dann Verzerrungen, die jenen Voraussetzungen wohl widerstreben, aber das Richtige dennoch verfehlen, weil sie an die Ausdrucksmittel der niederen Regionen gebunden sind. Sie zielen auf die Themen der Wirklichkeit hin, nur suchen sie sich ihrer mit Hilfe von Kategorien zu bemächtigen, die diese Wirklichkeit überdecken; während die anderen Einstellungen die Wirklichkeit gar nicht intendieren und sie darum unwissentlich verzerren. – Als ästhetisches Gebilde gestattet der Detektiv-Roman die Projektion seiner mit verschiedenen Intentionen geladenen typischen Befunde auf die entsprechenden Gegebenheiten einer Gemeinschaft, die wirklichkeitshaltiger ist als die von ihm zu Ende konstruierte zivilisierte Gesellschaft. Seine Deutung sei Beispiel einer Übersetzungskunst, der recht eigentlich nachzuweisen obliegt, daß das Eine, Gleiche, das die in der Beziehung stehenden Menschen unmittelbar leben und ansprechen, auch in den Regionen vollendeter Entwirklichung noch, wie verschroben immer, zurückgeworfen wird.

Träger der Gemeinschaft hohen Sphärenorts, als deren entstelltes Ebenbild man die im Detektiv-Roman mitgegebene zivilisierte Gesellschaft zu begreifen hat, ist der Gesamtmensch, der existentielle Mensch im Sinne Kierkegaards, der sich zu dem Unbedingten wirklich verhält. Träte dem Menschen, der im Bedingten steht, das der Bedingtheit und Zeitlichkeit Transzendente als Absolutes nur in der Reflexion gegenüber, ohne daß er sich hinspannte zu ihm, wäre Gott ihm nur Gegenstand neben anderen Gegenständen, so existierte er eben nicht, sondern nähme eine zu Identitätssehungen führende Zuschauerhaltung ein, die der Wirklichkeit ermangelte. Als wirklich Existierender dagegen befindet er sich in Spannung, er ist Kreatur, die auf das Göttliche sich ausrichtet, ist Natur, die auf die Übernatur sich bezogen weiß. Zwischen Unten und Oben ist sein Ort. Er hat teil an dem Geschaffenen, Elementarischen, dem nur Seienden, aber er hat auch teil an dem Anderen, dem jenseitigen Wort und den Verkündigungen, und er ist wirklich, insofern er seine Teilhabe an dem Unten und dem Oben in der Existenz bewährt. »Ein solcher Zwischenzustand«, sagt Kierkegaard, »ist ungefähr das Existieren, etwas, das für ein Mittelwesen, wie der Mensch ist, paßt.«

Wie der existente Einzelne befindet sich die ihm zugeordnete Gemeinschaft in einer paradoxen Situation. Ausgerichtet und hingespannt, lebt sie in der Zeit sowohl wie im Abglanz der Ewigkeit, hält sie zwischen Natur und Übernatur die dauernd unhaltbare Mitte ein. Der Paradoxie dieses »Zwischenzustandes« ist die Doppelsinnigkeit des »Gesetzes« gemäß, unter dem die Gemeinschaft steht.

Das menschliche Miteinander mag so innig gedacht werden, daß das Gesetz zurückzuweichen scheint und Liebe nur die des Gesetzes Ledigen vereint. Doch eben die Zwischenstellung des Menschlichen gibt dem Äußeren und Unteren Raum und zieht das Gesetz hernieder, solange die Erlösung nicht währt. Insofern es dem Reich des Bedingten angehört, muß das Erstarrende stets wiederaufgehoben werden; insofern es gläubig empfangen wird, bleibt das Beziehende unwandelbar in Kraft. In der didaktischen Erzählung »Les juges intègres« von Anatole France philosophieren die beiden Richter:

»Premier Juge. – La loi est stable.
Second Juge. – En aucun moment a loi n'est fixée.
Premier Juge. – Procédant de Dieu, elle est immuable.
Second Juge. – Produit naturel de la vie sociale, elle dépend des conditions mouvantes de cette vie. – –
Premier Juge. – Les premières lois nous furent révélées par la Sagesse infinie. Une loi est d'autant meilleure qu'elle est plus proche de cette source.
Second Juge. – Ne voyez-vous point qu'on en fait chaque jour de nouvelles, et que les constitutions et les Codes sont différentes selon les temps et selon les contrées.
Premier Juge. – Les nouvelles lois sortent des anciennes. Ce sont les jeunes branches du même arbre, et que la même sève nourrit.«

Gälte nur das Gesetz, so wäre die Gemeinschaft nicht existent, weil an dem sich unbedingt setzenden die Spannung zu früh sich bräche: gälte das Gesetz nicht, so wäre die Gemeinschaft entweder nach unten oder nach oben aus der Mitte gewichen und beide Male ebenfalls nicht existent. Ihren Gliedern ist die paradoxe Aufgabe gestellt, in dem von dem Gesetz umgrenzten Bezirk der Mitte die Anforderungen zu erfüllen, die von Mensch an Mensch ergehen, und zugleich sich über die zwischenmenschlichen Bezirke hinauszudehnen, sie hat den Ansprüchen an die Zeit geketteten Lebens zu genügen und zugleich, ihrer überzeitlichen Bestimmung eingedenk, jene Ansprüche zu tilgen.

Die von der Theologie als Erbsünde begriffene Unvollkommenheit menschlichen Miteinanders, um deretwillen das Gesetz gestiftet ist, bewirkt auch, daß an ihm das Miteinander seine Schranke findet; sind doch die kreatürlichen Bedürfnisse gemeinsamen Lebens so mannigfach, daß ihre Befriedigung in den durch das Gesetz abgegrenzten Bereich einbinden mag. Soll die existentielle Spannung aber zum Austrag gelangen, so darf das Gesetz die letzte Grenze nicht sein, das Miteinander innerhalb des Bereichs der sanktionierten Formen muß vielmehr den Zusammenhang mit dem Geheimnis oberhalb der fixierten Formen wahren. Da die Mehrzahl der Menschen in dem vom Gesetz umschlossenen Raum festgehalten wird, liegt es – soziologisch gesehen – besonderen Einzelnen, ob, diese Verknüpfung vorzunehmen. Sie erfolgt in einer Zone, in der jedenfalls die Macht des Gesetzes nicht ungebrochen gilt, in der Zone des Widergesetzlichen und Übergesetzlichen, die Gefahr und Geheimnis in sich schließt. Bestimmt das Gesetz die richtige Mitte, so hat es das Widergesetzliche zu bannen, wie es selber gebannt wird von dem Übergesetzlichen. Die oberen und die unteren Mächte außerhalb des Gesetzes aber verbünden sich miteinander, damit die Bahn durch das Gesetz hindurchgehe.

Der menschliche Zwischenzustand fordert mithin von sich aus, daß sich das gesamte Leben der existentiellen Gemeinschaft in zwei Räumen abspiele: in dem Raum, den das Gesetz beherrscht, und dem Raum, in dem das Gesetz als bedingt erkannt wird. Das Vorhandensein beider Räume und die Verteilung der Funktionen auf sie ist der genaue soziologische Ausdruck für die metaphysische Position der Menschen; daher denn auch an jenem Sphärenort diese Spaltung eintreten muß. Vereinigten sich die

Räume, die Not der Existenz herrschte allein, aber sie wäre aufgehoben und Recht und Gnade flössen ineinander über. Wo sie getrennt bestehen, lastet das paradoxe Zugleich des Lebens in dem Gesetz und jenseits des Gesetzes nicht auf denselben Schultern – freilich zuletzt doch auf ihnen allen –, sind die beiden Gebiete, die von jedem Menschen zusammen zu verwalten wären, verschiedenen Instanzen zugewiesen – unter der Bedingung freilich, daß sie zuletzt doch allen angehören. Das Überströmen aus dem einen ins andere, die enge Verbindung, in die sie gebracht werden mögen, sichert der Gemeinschaft die Existentialität. Sie scheidet sozial das in der Spannung vom Menschen zu Einende, eint aber auch in jedem Menschen wiederum das Geschiedene.

Der Raum des gemeinsamen Lebens ist in der Gemeinschaft hohen Sphärenorts ein erfüllter Raum, weil die Menschen nicht nur mit dem einen oder anderen Teil ihres Wesens, sondern als Existierende ihrem ganzen Wesen nach in ihn eingehen. Ihr Ausgerichtetsein macht sie zu Gesamtmenschen, die auf Grund des existentiellen Zugs ein wirkliches Leben in den beziehenden Formen miteinander führen. Gewiß treibt unverminderte Spannung sie an die Grenze des Gesetzes und darüber hinaus, doch haften sie zu sehr in den menschlichen Zusammenhängen, um die durchsichtige Hülle zu zerreißen, die den Lebensraum sichernd umgreift.

Außerdem seines Bereichs liegt die Zone der Gefahr und des Geheimnisses, die andere der beiden Zonen, in die sich das paradoxe Gemeinschaftsleben zur Bewältigung seiner Paradoxie zerlegt. Nicht abgeschlossen mehr durch das Gesetz, das die Mitte überdacht, steht sie grenzenlos offen gegen die oberen Mächte, die das Gesetz zerbrechen mögen. Die Gebilde, die im Raum des gemeinsamen Lebens beharren, die Bindungen, die ihn durchflechten: in ihr entschleiern sie ihre Vorläufigkeit und werden der wie immer zu beantwortenden Frage unterworfen. Im Angesicht des Geheimnisses wachsen die befugten Walter in dieser Zone über die Erfüllung des Gesetzes und entbinden von ihm; segnend, verdammend, wandelnd erhalten sie das menschliche Miteinander in seiner Bahn und hüten das sprengende Wunder, das ihrer freilich nicht bedarf. Je nach der konkreten Situation wechselt ihre Gestalt. Aber handle es sich nun um die historische Erscheinung des Priesters oder des Mönchs, stets stellen doch diese verschiedenen geschichtlichen Charaktere ein Gleiches von zeitüberlegener Bedeutung dar: sie wirken in oberem Auftrag und sind zugleich aufzufassen als Mandatare der Gemeinschaft, die aus dem erfüllten Raum des gemeinsamen Lebens entsandt werden, um das Werk der Verknüpfung zu vollbringen. Wahren sie ihre Mittlerstellung nicht rein, erstarren sie vielmehr zur Kaste, die, losgerissen von den oberen Wurzeln, nur noch innerhalb des entleerten Lebensraumes selbstisch die Macht behauptet, so wird die Zone des Geheimnisses preisgegeben, und die Gemeinschaft stürzt in die niederen Sphären herab. Andere, die von den scheinhaft Gewordenen als Häretiker gebrandmarkt werden mögen, dringen dann in die verlassene Zone vor, die Abtrünnigen zurückleitend oder neue Nachfolge zeugend. Der Ausgesonderte, der Ketzer ist das Korrektiv des sozial verankerten Priesters, der jenen geradezu fordert, weil er als einseitige Fixierung der Ergänzung bedarf; die Unvollkommenheit der in Existenz stehenden Gemeinschaft trägt beide empor. Wie tief auch der priesterliche Mensch in das gemeinsame Leben sich hineinneige, er lebt es nicht mit, da der Auftrag, die Verbundenheit herzustellen, seine Lösung aus den zwischenmenschlichen Bindungen erheischt. Die von der Kirche der Geistlichkeit vorgeschriebene Ehelosigkeit ist eine äußeres Zeichen solcher Verbannung und Heimsendung.

Das gemeinsame Leben, das sich in dem Gesetz auf das übergesetzliche Geheimnis bezieht, wird von den Gefahren des Widergesetzlichen bedroht, solange die Paradoxie des Existierens dauert. Doppelsinnig, wie das Gesetz ist, sind auch die von ihm bezeichneten Schrecken des Bösen, die Schauer des noch unbezwungenen Unteren, Elementarischen, die in den erfüllten Raum der Mitte einzudringen trachten. Sie richten an das stets fragwürdige Gesetz immer wieder die Frage, und je mehr das Gesetz sich lossagt von dem oberen Geheimnis, desto tiefer bildet sich jenen dunklen, unerlösten Gewalten das Geheimnis ein, zu dessen Stellvertretern sie schließlich werden. Sie sind die unfreiwilligen Helfer des Göttlichen, und der priesterliche Mensch, dem ihre Bezwingung obliegt, ist ihnen als Umschweifender, Umziehender außerhalb des Lebensraumes verwandt genug, um die Züge des Frevlers anzunehmen, wenn das gemeinsame Leben dem Frevel verfällt. Durch ihre Verwandlung vollendet sich der Sieg des Oberen. Denn taumelt der Dämon getroffen zurück, erkennt das Böse seine Nichtigkeit und kehrt der Sünder um, so wird die Gemeinschaft von unten auf emporgetragen, und die Natur geht ein in die Verbundenheit.

Nicht stets an hohem Sphärenort gilt der Kampf gegen die undurchscheinenden, sinnwidrigen Mächte diesem letzten Ziel. Auch der Held zwar begegnet der Gefahr, die das gemeinsame Leben schicksalhaft von außen bedrängt oder seiner inneren Antinomik entwächst, auch er durchstößt die Hülle, die den Lebensraum umschließt — aber nicht wie der priesterliche Mensch anerkennt er gewandelt und wandelnd, versöhnt und versöhnend das Paradoxon, sondern er behauptet, ohne zu verknüpfen, unwandelbar und unversöhnlich das Unbedingte im Bedingten, gleichviel, ob er blind den Auftrag des Schicksals vollführt oder der Idee zum Sieg über das Gesetz verhelfen will. Der Kampf, den er als Existierender kämpft, verneint die tragische Unvollkommenheit des Existierens, die sein Scheitern bestätigt und — wieder verneint. — Das Schwergewicht des Unteren sorgt dafür, daß die historischen Verwirklichungen der Gemeinschaft hohen Sphärenorts sich zumeist auch in die Sphären niederer Wirklichkeit hinab erstrecken. Die oberen Geheimnisse verschmelzen mit dem Grauen der Elementarkräfte, Gebot, das freie Folge begehrt, und magischer Schicksalszwang finden sich in mancherlei Gestalten zusammen, und in der Gefahrzone treten neben den priesterlichen und heldischen Menschen Wundertäter, Wächter und Schwärmer auf, die das göttliche Wort nur noch mittelbar vernehmen. Medizinmann, Zauberer, Magier beschwören das eindeutig fixierte Geheimnis, das in die menschlichen Bezirke drohend, nicht fordernd, hineinstarrt; sie sagen das Ungeschehene vorher, statt es einzubeziehen in die Verbundenheit; sie wenden das Verhängnis ab, statt den von ihm Betroffenen durch das Verhangene zu wenden. – Ziellose Unruhe, in der sich die eigentliche Unruhe des ausgerichteten Menschen kaum wiedererkennt, treibt auch den Abenteurer in die Gefahrzone hinaus. Nicht sucht ihn die Gefahr als Schicksal heim, er vielmehr sucht die Gefahr um des Wagnisses willen auf, das seinen entscheidenden Sinn verloren hat, da es in keinem Auftrag unternommen wird. Der bedeutungslosen Gebundenheit des allzu sicher gewordenen gemeinsamen Lebens zieht er in Ermangelung richtiger Bindungen das ungebundene Schweifen vor, wider die Entspanntheit des sich absperrenden Lebens setzt er anstelle des Hingespanntseins nach oben die Spannung, in der ihn das Unbekannte, Unberechenbare draußen hält. So lebt er gelöst, wo er das bloße Leben erlösen sollte, Geheimnis und Wunder verzerren sich ihm zur außergewöhnlichen Begebenheit, und den Augenblick des Ereignisses verwechselt er mit dem Ereignis des Augenblicks. – Doch die Entstellungen spiegeln deutlich das Entstellte wider, und erhalten bleibt auch im trüben Medium der Zug zum Durchbrechen schlechter Grenzen, die Hingabe ans Ungewisse, der Einsatz der Person. Vom priesterlichen Menschen an bis zum fahrenden Ritter stimmen alle diese Ausgesonderten darin überein, daß ihr Wirken sich nicht in dem umhegten Raume menschlichen Miteinanders vollzieht; sie sind allein unter den Vereinten, deren jeder freilich seinen Anteil an dem Geschehen jenseits des über sich hinausweisenden Lebenszusammenhangs haben mag. Ihre Abgeschiedenheit inmitten der Menschen ist Ausdruck der Verbundenheit, wenn sie in der Beziehung zu dem oberen Geheimnis gründet, sie ist Zeichen baren Verlassenseins, wenn sie nicht der Not der Sendung entstammt.

Die Spannung des Existierens enthält in sich die Anwartschaft, nach oben hin aufgelöst zu werden. Die paradoxe Situation, in der ein »Mittelwesen, wie der Mensch ist«, steht, kennzeichnet sich selber als Zwischenzustand und Übergang. Traum und Ahnung von der mit ihr gegebenen Verheißung gewinnen an hohem Sphärenort den eigentlichen Sinn. Die ihm zugeordnete Gemeinschaft lebt das Paradoxon wirklich, wirklich ist ihr darum auch die Hoffnung, daß der Übergang vorübergehe, daß die Antinomik der Existenz, die soziologisch als Spaltung in den erfüllten Raum und die Zone des Geheimnisses sich darstellt, schließlich getilgt werde und das in der Spannung problematisch Seiende sich zum wahrhaft Seienden entspanne. Um des übertragischen Endes willen harrt sie in der Tragik des Existierens aus, und das Reich der Gestalten ist nur hinfällige Vorgestalt des Reichs. Zu ihm hin, das überall und nirgends, in und außer der Zeit ist, dehnt sich die existentielle Wirklichkeit, die unwirklich wäre, wenn sie nicht durch die stete Beziehung auf das Überwirkliche immerfort sich in Frage stellte – unwirklich freilich auch, wenn sie diese Frage eindeutig beantwortete und durch vorgreifende Einbeziehung des Überwirklichen in die Existenz sich selber endgültig aufhöbe. Mag solche Aufhebung ihre Bestimmung und Vollendung sein, sie ist vom Menschen aus nicht zu fassen und nicht allein zu bewirken, sie ist vielmehr das schlechthin

Wunderbare, das in allem Geschehen Gemeinte, das doch erst geschieht, wenn »die Zeit sich erfüllet«. Die Botschaft von ihr, die in den biblischen Worten unmittelbar sich kundtut, klingt märchenhaft im Märchen auf, in dem es heißt, daß nach vollzogenem Urteil der junge König sich mit der rechten Gemahlin vermähle und beide ihr Reich in Frieden und Seligkeit beherrschen, sie schimmert, vielfältig gebrochen, in die niederen Regionen herein, und noch das Heimweh Pierrots, der lächerliche Kampf Chaplins gegen die Maschine bezeugen ihr Vernommensein.

Die Gemeinschaft hohen Sphärenorts hat das bestimmte Bewußtsein ihrer paradoxen Situation, sie stellt sich in dieser Situation nicht nur dar, sondern erfährt und benennt sie auch. In den Sphären minderer Wirklichkeit schwindet mit dem existentiellen Zug das Bewußtsein von der Existenz und den eigentlichen Gegebenheiten, und getrübter Sinn verwirrt sich in dem Labyrinth des verzerrten Geschehens, um dessen Verzerrung er nicht mehr weiß.

Dem entwirklichten Leben, das die Kraft des Selbstzeugnisses eingebüßt hat, vermag seine ästhetische Formung eine Art von Sprache zu erstatten; denn zwingt der Künstler das stumm und scheinhaft Gewordene auch nicht unmittelbar zur Wirklichkeit empor, so drückt er doch sein hingespanntes Selbst in der Gestaltung dieses Lebens aus. Je tiefer das Leben entsinkt, desto mehr bedarf es des Kunstwerks, das seine Verschlossenheit entsiegelt und seine Elemente so zurechtrückt, daß sie, die zerstreut nebeneinander lagern, beziehungsvoll werden. Die Einheit des ästhetischen Gebildes, die Art, in der es die Gewichte verteilt und das Geschehen bindet, bringt die nichtssagende Welt zum Reden, verleiht den in ihr angeschlagenen Themen Bedeutung; was sie jeweils bedeuten, bleibt freilich zu verdolmetschen und hängt nicht zuletzt von dem Grade der Wirklichkeit ihres Schöpfers ab. Während am hohen Sphärenorte also der Künstler eine Wirklichkeit bestätigt, die sich selber vernimmt, wird in den niederen Regionen sein Werk zum Künder einer Mannigfaltigkeit, der es an jedem lösenden Wort gebricht. Seine Aufgaben mehren sich in dem Maße, als die Welt sich entwirklicht, und der eingekapselte Geist, dem die Wirklichkeit unzugänglich ist, drängt ihm schließlich die Rolle des Erziehers auf, des Sehers, der nicht nur sieht, sondern prophetisch voraussieht und verknüpft. Mag solche Überbeanspruchung des Ästhetischen dem Künstler einen falschen Ort anweisen, sie ist begreiflich, weil das von den eigentlichen Dingen unberührte Leben sich in dem Spiegel des Gebildes getroffen erkennt und derart ein wie immer negatives Bewußtsein seiner Wirklichkeitsferne und Scheinhaftigkeit erlangt. Denn so gering die existentielle Gewalt auch sei, von der die Gestaltung emporgetrieben wird, sie legt in den verworrenen Stoff die Intentionen ein, die ihm zur Transparenz verhelfen.

Ohne Kunstwerk zu sein, zeigt doch der Detektiv-Roman einer entwirklichten Gesellschaft ihr eigenes Antlitz reiner, als sie es sonst zu erblicken vermöchte. Ihre Träger und ihre Funktionen: in ihm legen sie Rechenschaft ab über sich und geben ihre verborgene Bedeutung preis. Zu solcher Selbstentblößung kann er aber die sich verhüllte Welt nur nötigen, weil ein Bewußtsein ihn zeugt, das von ihr nicht eingegrenzt wird. Getragen von diesem Bewußtsein, denkt er zunächst die von der autonomen ratio beherrschte Gesellschaft, die lediglich der Idee nach ist, wirklich zu Ende und bildet die von ihr gegebenen Ansätze folgerichtig fort, damit die Idee sich in Handlungen und Figuren ganz erfülle. Ist die Stilisierung der eindimensionalen Unwirklichkeit durchgeführt, so gliedert er kraft seiner Existentialität, die sich nicht in Kritik und Forderung, sondern in ästhetische Kompositionsprinzipien umsetzt, die nun den konstitutiven Voraussetzungen genügenden Einzelgehalte einem geschlossenen Sinnzusammenhang ein. Erst diese Verwebung zur Einheit gestattet aber die Deutung der dargestellten Befunde. Denn der ästhetische Organismus intendiert gleich dem philosophischen System eine den Trägern der zivilisierten Gesellschaft selber verschleierte Totalität, die in irgendeiner Weise die erfahrene ganze Wirklichkeit entstellt und so den Blick auf sie eröffnet; der Art allein, in der jene Befunde zur ästhetischen Totalität sich fügen, kann darum das mit ihnen Gemeinte entnommen werden. Das ist die Mindestleistung der künstlerischen Existentialität: daß sie aus den blind umgetriebenen Elementen einer zerfallenen Welt ein Ganzes bildet, das, mag es auch diese Welt scheinbar nur widerspiegeln, sie eben doch in ihrer Ganzheit auffängt und damit die Projektion ihrer Elemente auf die wirklichen Gegebenheiten erlaubt. Die typische Struktur, die das vom Detektiv-Roman dargebotene Leben erhält, deutet darauf hin, daß das ihn produzierende Bewußtsein kein individuell-zufälliges ist, sie verrät zugleich, daß die metaphysisch entscheidenden Züge herausgegriffen sind. Wie der Detektiv das zwischen den Menschen vergrabene Geheimnis aufdeckt, so erschließt der Detektiv-Roman im ästhetischen Medium das Geheimnis der entwirklichten Gesellschaft und ihrer substanzlosen Marionetten. Seine Komposition wandelt das sich unfaßliche Leben zum übersetzbaren Gegenbild der eigentlichen Wirklichkeit.

Unter der Annahme zweier Bedingungen geht die Struktur der im Detektiv-Roman dargestellten Gesellschaft in die Struktur der Gemeinschaft hohen Sphärenorts über. Zunächst ist die existentielle Spannung zu streichen, die das Paradoxon bewußt macht und die Doppelsinnigkeit des Gesetzes erzeugt. Schwindet sie, so wird jedenfalls die unmittelbare Verknüpfung des Menschen mit dem oberen Geheimnis getilgt, die in der Verbundenheit gültigen Begriffe vertrocknen, und nur uneigentlich noch, nicht wirklich gelebt und wissentlich bezogen, prägt sich die immer gleiche Antinomik menschlichen Daseins aus.

Das nunmehr ungerichtete Leben könnte in den abgestandenen Formen fortwuchern, es könnte sich der Magie ergeben oder sich einwühlen in die Scheininnerlichkeit der entglittenen Seele, träte nicht als weitere Bedingung der Anspruch der sich autonom sehenden ratio auf unbedingte Vorherrschaft hinzu. Die Position, die sie sich durch den Staatsstreich einer kopernikanischen Wendung verschafft, wird im Detektiv-Roman einseitig ausgebaut. Zum konstitutiven Weltprinzip und zum Gradmesser des Sichverhaltens erhoben, wirft sie in ihm nicht nur das Bewußtsein ganz in die Immanenz zurück, sondern fordert auch als Korrelat eine Welt, die dem abgelösten Intellekt ganz und gar zugänglich ist. Da dieser Intellekt sich seiner mit der Tatsache des Existierens gegebenen Bedingtheit entzieht, gelangt er zu unparadoxen, eindimensionalen Denkgebilden, die zwischen den allein in der Spannung paradox zu vereinigenden Polen irgendeine Identität herstellen und die Transzendenz, wofern sie sich nicht überhaupt verflüchtigt, mit Hilfe rein immanenter Kategorien einzufangen trachten. Da er sich ferner infolge seiner unbegrenzten Autonomieerklärung in dem gesamtmenschlichen Sein nicht verhaftet weiß, bleibt ihm das Sein unangreifbar, und er webt nur in den Beziehungen zwischen Seinsresiduen, deren Ansicht ihm ob ihrer »Irrationalität« verschlossen ist. Der Gesellschaft, die sich seiner angemaßten Herrschaft fügt, wird es notwendig versagt sein, sich in ihrer Paradoxie zu verstehen, sich auf die benannte Transzendenz zu beziehen und einzudringen in ihr Sein. Spannungslos und bar an Wirklichkeit, hat sie ihren Ort in den niederen Regionen.

Die Unaufhebbarkeit des paradoxen menschlichen Zwischenzustands vorausgesetzt, muß sich das soziologische Grundschema dieser Gesellschaft, der die ästhetische Formung spiegelndes Gewissen ist, aus dem der existentiellen Gemeinschaft gedankenexperimentell ergeben, wenn bei der Transformation die beiden sie konstituierenden Bedingungen berücksichtigt werden. Bei erschlaffender Spannung zerbröckelt die unteilbare Ganzheit des nach oben ausgerichteten Gesamtmenschen, und als Träger der Gesellschaft ersteht ein fragmentarisches Individuum, das eine gleich ihm zerfallene und ob ihrer Unbezogenheit doppelt fragwürdige Welt zum stummfremden, nur gewalttätig formbaren Gegenüber hat, statt in redender Verbundenheit mit ihr das Geheißene zu vollbringen. Ein Umherirren in seinen unendlich geöffneten Seelenweiten wäre statthaft, versagte sich nicht der Intellekt, dem die Zuständlichkeit inkommensurabel ist, der Erschließung des verschlungenen Seins. Das für ihn unerschöpfbare Inwendige abwehrend, das nach der Entspannung des Gesamtmenschen richtungslos zerfließt, heischt er die Aufteilung des Kontinuums in Partikel, zwischen denen er rationale Beziehungen herstellen kann. Unter seiner Herrschaft schrumpfen die Menschen zu Atomen oder Atomkomplexen ein, die an die Stelle des fortgescheuchten Ganzen treten und seine seelischen Restbestände nur noch punkthaft markieren. Sie sind nichts weiter mehr als Repräsentanten jener Seelenpartikel, die nun aber nicht etwa ihrem Sinngehalt nach ergriffen, sondern als fixierte und verschlossene Größen hingenommen und in irgendein Kalkül eingesetzt werden. So verkrümelt sich auf die Forderung der emanzipierten ratio hin das ursprüngliche Gesamtsein zu selbstgenügsamen, tauben Teileinheiten, die lediglich Funktionswert haben und zu beliebigen, doch stets errechenbaren Mosaikmustern sich zusammenfügen lassen. Das sie darstellende Individuum ist eine letzte Andeutung der in ihm nicht mehr mitgemeinten Innerlichkeit, es ist das reine Außen, das sich zwar auch als Innen geben mag, aber faktisch nur ein gesprengtes Innere faßt, dessen unverbundene Atome es nach rationalen Prinzipien mengt.

Der Raum des gemeinsamen Lebens, in dem das hingespannte Sein der Gesamtmenschen unter dem Gesetz sich weitet, bleibt unerfüllt, wenn punkthafte Individuen ohne Sein miteinander verkehren. Statt daß ihr Handeln der Existenz entwächst, ist ihre Pseudo-Existenz lediglich der Bezugspunkt von Handlungen, deren Abgelöstheit sie der ratio erschließt; statt daß sie als Ganze zusammentreten und allseitig ausstrahlen, durchwirbeln Elemente des Ganzen, in denen sie sich rastlos erschöpfen, die ungesättigte Leere; statt daß sie an raumumgreifenden Formen sich brechen, bewegen sie sich auf den Gleisen legaler Vorschriften, die aus dem Gesetz entwerden. Ist dieses eine durchscheinende Hülle, die das ausgerichtete Gesamtleben paradox einhegt und derart einen vorläufig bewohnbaren Bereich schafft, so gleichen jene Schienensträngen, die unzählige zerstreute Punkte in verlassener Welt verbinden. Sie gelten nicht wie das Gesetz dem Miteinander existierender Menschen, sondern regulieren den Ablauf von Einzeläußerungen, die weder die Person noch einen ihr faßbaren Sinn mitbezeichnen. Der Umschlag erfolgt unter dem Einfluß des emanzipierten Intellekts, der die ethische Verbundenheit der Menschen am oberen Sphärenort notwendig zur bloßen Legalität isolierter Seins- und Wirkenselemente verflüchtigt; ja, am Ende büßt das legale Tun den Rest der moralischen Betonung ein und wird zur Konvention eingeebnet, deren moralische Indifferenz auf das Nichts hinweist, aus dem die ratio sämtliche Besonderungen zu schöpfen meint. Bei der Verwandlung existentiell-ethischen Seins in legale Relationen schwindet auch das Bewußtsein von der Problematik des Gesetzes, dessen ungesicherter Bestand stete Aufhebung fordert, und zurück bleibt die ungespannte Selbstbehauptung des legalisierten Betriebs. Konzession in ihm erlangen lediglich solche Denkweisen, Gesinnungen, Handlungen, die nicht über die Immanenz hinausweisen und im besten Falle Rudimente oder Verzerrungen eigentlicher Bekundungen sind. Sie dichten keine Atmosphäre des gemeinsamen Lebens ab, dienen vielmehr als Verkehrsnetz zwischen Figuren, die nur noch den Namen von Individuen tragen und darum gerade der Gemeinsamkeit ermangeln. Mit der Ungebundenheit dieser Schein-Individuen (die aus ihrer Wesenlosigkeit folgt) hängt ihre Unfähigkeit zusammen, einen begrenzten Gemeinschafts-Leib zu bilden, der dann allein entstehen kann, wenn oberes Wort dem Unten sich eintut. Sie breiten sich wie Molekel in unbegrenzter Raumwüste aus und sind niemals zusammen, auch wenn sie in der Großstadt enggepreßt zusammen sind. Nur die Heerstraßen der Konvention laufen teilnahmslos von Ort zu Ort.

In den Leerraum, den das Gewirr konzessionierter Bahnen durchzieht, stürzt das obere Geheimnis herab und vermischt sich, unkenntlich geworden, mit der atomisierten Gefahr – sofern es nicht aufgesogen wird von der ratio, die das Getriebe bedingt. Die Gehalte jener Zone, die den in der Mitte gelegenen Lebensraum des existentiellen Menschen umlagert, dringen durch die geöffneten Poren in den Ödbezirk, der den Figuren zum Aufenthalt wird, und das »Über«, das »Außen«, das »Innen« verkehrt sich unterschiedslos zum »Zwischen« – eine Zerstörung aller elastischen Widerlager, die das Werk der Spannungstilgung und der Anmaßung der ratio ist. Jene zieht die Transzendenz in den Immanenzbereich, das Obere ganz in das Unten herein, diese entstaltet die mythischen Welten und Gegenwelten und zersetzt das ihr gleich ungreifbare seelische Sein. Das Widergesetzliche sowohl wie das Übergesetzliche, insofern sie von ihr selber nicht verzerrt oder überdeckt werden, gehen auf ihr Geheiß in diskret voneinander abgehobene illegale Aktionen über, die um ihrer rationalen Faßlichkeit willen genauso fixiert und in sich verschlossen sind wie die abgezirkelten legalen Schemata. Punktualisierung hüben und drüben: hier das legale Handlungsgefüge, dort Diebstahl, Mord und andere seinentleerte Begebenheiten, die eindeutig bestimmbar sind. Beide Gruppen stehen einander beziehungslos entgegen, und nichts bekundet ihre antinomische Zusammengehörigkeit, die in der Spannung allein sich erschließt. Aus ihr entlassen, tauchen die Träger des Illegalen in der Leere zwischen den sich legal verhaltenden Figuren unter, überall ihnen zugesellt und leicht im Schutze der Konvention geborgen, die formal genug ist, um auch von ihnen genutzt zu werden. Ihre räumliche Allgegenwart ist gefordert, weil bei ihnen das Äußere für das verlorene Innere eintritt. Sünde, die am oberen Sphärenort eine Seinsbestimmung ist, Gefahr, die symbolisch von außen droht, Geheimnis, das von oben her eingreift: alles die vorläufige Sicherheit Sprengende wird in den niederen Regionen einheitlich vertreten durch Verkörperungen des Illegalen, die den von der ratio grenzenlos geweiteten, einen leeren (Geistes- und Sinnen-) Raum durchwalten und ihr Spiel zwischen den regulär sich bewegenden Atomen treiben.

Verborgen bleibt, wenn die entscheidende Spannung schwindet, das Paradoxon menschlichen Existierens, das auch ungewußt fortbesteht. Die Figuren des legalen Betriebs erkennen nicht, daß in der Verfehlung wider die Moral das verscheuchte Ethische sich manifestieren kann, daß der Mord nicht allein Mord sein muß, sondern die Aufhebung abschlußhafter menschlicher Satzung durch das obere Geheimnis mitbedeuten mag. Zwar, das Faktum des Illegalen vermögen sie nicht zu leugnen, und selbst der Fragwürdigkeit des gesetzlichen Definitivums werden sie inne, aber das abgelöste Denken interpretiert diese von ihm in der Verzerrung wahrgenommenen Spannungserscheinungen als eindimensionale Phänomene und tilgt so ihre Paradoxie. Entweder es hilft sich damit, daß es das Illegale zu etwas Vorläufigem stempelt, das ganz in die Legalität überzuführen sei, oder es macht die jeweils gültige legale Gesetzlichkeit zum Glied eines Prozesses, der rein in der eindimensionalen Zeit sich entrollt. In jenem Falle entwirklicht es das Wider- und Übergesetzliche zugunsten des vollkommen scheinenden Gesetzes, in diesem Fall entwirklicht es, tiefer blickend, doch noch in der Immanenz gefangen, das problematische Gesetz zugunsten der Idee, die sich immer wieder verschieden konkretisiert. Beide Male überspringt es die menschliche Situation, die das Miteinander von Gesetzlichem und Übergesetzlichem, von Recht und Gnade fordert, beide Male nimmt es die nicht durch die Menschen allein zu bewirkende Erlösung vorweg und raubt dem einen oder anderen der zwei zusammengehörigen Bereiche die Realität. Bezeichnend für den niederen Sphärenort, an dem das Innen im Außen verschwindet, ist weniger die schon dem Tragischen Raum gewährende Auflösung des Legalen in der ablaufenden Zeit als seine uneingeschränkte Behauptung, die nur normhafte Handlungen bejaht. Das Illegale zerstäubt hier durchaus , ohne von den Vertretern der Legalität, die blind sich selber vertreten, als Frage und Forderung begriffen zu werden. Gleich blind ist auf der unteren Stufe auch der Verbrecher; er geht in seiner Handlung auf, die nicht mehr als ein Zuwiderhandeln ist.

Psychologie

Die Stilisierung, die im Detektiv-Roman das Seelische erfährt, liefert die Bestätigung dafür, daß sein Thema die entwirklichte Gesellschaft ist, die aus der existentiellen Gemeinschaft durch die bis zum äußersten fortgetriebene Verabsolutierung der ratio entsteht. Die Menschen in ihm setzen sich aus Konfigurationen unverbundener Seelenpartikel zusammen, die dem von der ratio frei konstruierten Handlungsverlauf erst nachträglich angepaßt werden. Nirgends ist das Seelische Selbstzweck der Schilderung, sondern lediglich Notstütze isolierter Aktionen, Sprungbrett für intellektuelle Künste. Tritt ein »genialer« Künstler auf, so wird seine Genialität nur als Tatsache genannt, und Qualitäten wie Liebe, Treue, Eifersucht sind akzentlose Markierungen, aus denen der Homunculus zusammengetüpfelt wird. Eine assoziative Psychologie herrscht, die das Ganze auf die Teile gründet und lauter errechenbare Komplexe schafft. Nicht allein löscht sie das geistbestimmte Selbst, das sich zum oberen Geheimnis verhält, sie geht auch an der dem Selbst entronnenen Seele vorüber und entkernt den in konkreter Zwischenschicht sich darbietenden Charakter, da Innerlichkeit, wie minder immer sie sei, der ratio anstößig ist und von ihr abgedrängt werden muß. So bleiben Figuren, die Vogelscheuchen gleichen und die Konsequenz ihrer eigenen Handlungen sind. Mit Recht enthält der Detektiv-Roman ihnen die Fähigkeit zu tragischer Entscheidung und das Bewußtsein seelischer Problematik vor, denn Entscheidung liegt dem ausgerichteten Menschen ob, und die ratio gilt nicht unbedingt, wo Seelisches noch Gegenstand ist. Treibt Leidenschaft einmal zum Mord, der Sühne begehrt, so ist sie nicht mehr als eine Schablone, die gerade das Faktum begründen soll, und heben

Seelenzüge sich deutlicher ab, so sind sie gewiß nicht selber gemeint.

Um jeden Anschein abzuwehren, als führe der Weg in die Existenz hinein, oder als sei auch nur die verfaulte Seele Ziel der Betrachtung, werden vulgäre Handlungsfolgen und typische Seelenkonstellationen aneinandergestückt. Sie sind abgeschliffen wie längst kursierende Münzen und Mittel ohne Eigenwert, deren sich die ratio für ihre eigenen Zwecke bedient. Ein Lebemann gleicht dem andern aufs Haar, und die Dirne ist immer dasselbe Abziehbildchen. Dieses Kalkulieren mit bekannten Größen zeigt an, daß nur die trivialen Restbestände der verflüchtigten Seele überhaupt Beachtung finden, bekundet die Gleichgültigkeit des Seelischen für den Gang des Geschehens. Denn die Absicht des Verfahrens ist doch offenbar die, das existenzhaltige Individuelle ganz auszuschalten und die Aufmerksamkeit hinzulenken auf das äußere Tun. Nicht an jedem Sphärenort freilich hat die Auflösung des Besonderen ins Typische diesen Sinn. Stehen die Menschen in existentieller Verbundenheit, so mögen der durch ihre Hingespanntheit bewirkten Koinzidenz des Oben mit dem Unten Bestimmungen entwachsen, die als Überzeitlich-Allgemeines paradox in die Zeit einbrechen und das Unbedingte im Bedingten darstellen. Die ontologischen Fixierungen gelten, solange sie sich der Frage nicht entziehen, die von dem ausgerichteten Menschen durch sie hindurch ergeht. Sie fordern ein typisches Sein und Verhalten, das ihrer allgemein geglaubten Bedeutung entspricht, und fügen sich zum Gesetz, das gleichförmige Erfüllung heischt. Wirklichkeit gewinnt das Individuum erst, wenn es den Typus darstellt und die bestätigten Wahrheiten verkörpert; als bloßes Individuum, das sich selber Name und Licht sein möchte, ist es ein Nichts. Auch dort noch, wo der ordo nicht mehr ganz in der Beziehung wurzelt, wo seine Abkunft vom oberen Wort nahezu vergessen ist, mag er als säkularisiertes Gebilde halblebendig fortbestehen; im englischen Unterhaltungsroman erweist die Tradition ihre unverwüstliche Macht, wenn sie das Individuelle dem Typus annähert und zur Wiederholung des Gleichen nötigt. Zerbricht der ordo infolge seines Anteils an der Bedingtheit, so erlangt der Nominalismus sein Recht, und aus den Trümmern schält sich die objektiv ungebundene, frei hinzielende Persönlichkeit heraus, auf die nun alle Realität übergeht. Sie bestimmt sich kraft einer Machtvollkommenheit, die ohne Umschweif aus einer höheren Quelle abgeleitet wird oder keiner anderen als der eigenen entspringt, und bewährt ihre Existenz nicht durch die imitatio der allen gegebenen Vorbilder, sondern durch die Einzigartigkeit ihrer Entfaltung. Menschen und Dinge, die in der Spannung miteinander sind, weisen nun auseinander, und zwar löst sich das Subjekt aus der Haft des Objektiven, weil sich die Objektwelt der Wesenheiten abgelöst von dem Subjekt zu behaupten trachtet. Sie gleicht der Fassade eines eingestürzten Hauses, die nur noch den Schein bewohnter Räume erweckt. Mit der Aussonderung der universalia verblassen auch die von ihnen getragenen Typen, und statt daß das Eingehen in sie das Selbst erst gründet, verlöre die Persönlichkeit lediglich ihre Wirklichkeit, wenn sie in den zum Schema gewordenen Typus sich einpressen ließe. Sie existiert, insofern sie frei sich bildet, und das Überzeitlich-Allgemeine prägt sie nicht, sondern ist ihre Funktion. Nur die Residuen der von oben her bestätigten ontologischen Bestimmungen bleiben in diesem Bereich des unfixierten Subjekts als Schatten erhalten, denn nichts ist verloren, was der Beziehung entstammt. Die in der Spannung problematische und darum bindende Wirklichkeit des ordo verwandelt sich hier zur unproblematischen Allgemeingültigkeit und Notwendigkeit abstrakter Gesetzmäßigkeiten, und der soziale Typus, der das Leben umfängt und begrenzt, zerbröckelt zu typischen Einzeläußerungen, die Ablagerungen des entspannten Lebens sind. Diese zur Selbständigkeit hinaufgesteigerten Erstarrungsphänomene stellen ein Zerrbild der sanktionierten Fixierungen dar, sie festigen das Unten und sind ein Herbarium purer Äußerlichkeiten. Das aus ihnen komponierte Subjekt ermangelt des Personcharakters, während es in der oberen Sphäre umgekehrt zur Person sich vollenden möchte, wenn es den Typus verkörpert; der Versuch, es aus den Petrefakten des in sich eingesunkenen Lebens zu erzeugen, ist dem Streben des Chemikers nach einem synthetischen Aufbau des Protoplasmas verwandt. Die negative Ontologie des Detektiv-Romans beweist nur, daß seine Akteure formelhafte Gebilde sind, zu denen die ratio den Schlüssel besitzt.

Da die menschlichen Figuren aus abgestandenen Fixiertheiten sich mischen, wird das legale Getriebe, das an die Stelle des gemeinsamen Lebens tritt, als konventioneller Ablauf charakterisiert. Wird das Familienmilieu gewählt, das als Anachronismus in den Detektiv-Roman hineinragt, weil es auf der Verbundenheit der Angehörigen beruht, so heißt es gewiß, daß die Kinder ihre Eltern abgöttisch lieben, Unglück, das die Zärtlichen trifft, ist unverschuldet, und bräutliches Glück erblüht am stillen Herd. Das ist nicht wirklich und eigentlich, aber es wird gesagt, und nur dadurch, daß die abgegriffenen Bestimmungen des unzugänglichen Seins repetiert werden, läßt sich das Seinsschemen noch beschwören. Im allgemeinen indessen setzen die Autoren ein dem Detektiv-Roman homogenes Milieu, ein Beisammen von Figuren, die sich in der konventionellen Geste erschöpfen und nicht ihrem Sein nach gezeichnet werden müssen, um Vertrauen und Sicherheit zu erwecken. Der Rechtsanwalt etwa und der Konsul – früher der Offizier – sind verwendbar, denn sie erfüllen geachtete Funktionen, deren Ausübung ihnen von vornherein schon das ordnungsmäßige Gepräge gibt. Die Diplomatenwelt gar ist die ästhetisch ideale Verzerrung des gemeinsamen Lebens, da sie die Repräsentation für das Wesen nimmt und darum durch den Hinweis auf ihr abgestempeltes Gebaren ganz sich erschließt. Je mehr das Milieu nur der Nennung bedarf, um bekannt zu sein, je mehr sich die Zugehörigkeit zu ihm auf einen Inbegriff abgelöster Fakten gründet, um so geeigneter ist es zur Markierung der Verbundenheit im leeren Raum. Es konsolidiert sich in dem Maße, als es durch Rang und Geld geschaffen wird, die nach dem Erlöschen der Spannung als entscheidende Wahrzeichen bleiben. Seine Lordschaft, von galonierten Dienern gefolgt, ist ein ästhetisch wirksamer Kontrast gegen unfaires Benehmen, Etikette dient als Zaun gegen das Illegale, und die Millionen des Mr. Brown von der fifth avenue sind hinreichend Ersatz für die Segnungen der ausgerichteten Existenz. Damit freilich, daß der Formalkram statt der anzeigenden Bedeutung die ausschlaggebende gewinnt, wächst die Möglichkeit, daß die korrekte Haltung illegale Aktionen verkleidet. Ein anderes Sein ist nicht zu erheucheln, konventionelles Betragen steht zu Gebot. Wird es zum Ersatz des gespannten Wesens, so hat der widergesetzlich Handelnde leichtes Spiel. Er muß nur die ihn bezeichnenden äußeren Merkmale verstellen, um einen Anderen hintergrundlos darzustellen, und die Mimikry mit dem offiziell anerkannten Milieu schützt ihn vor der Entdeckung. Je mehr der Mensch Gesamtwesen ist, desto schwieriger wird ein solches Scheinen; der Zerfallene ist beliebig zusammensetzbar. Der Detektiv-Roman verfährt durchaus folgerichtig, wenn er den Verbrecher, oft wider alle Wahrscheinlichkeit, in die Tarnkappe der Konvention hüllt, die zwar in der nach außen gekehrten Welt das legitime Gemeinsame ist, dafür aber als ein im Äußeren sich erschöpfendes Handlungsgefüge von jedermann sich prostituieren lassen muß. Die Sicherheit, die den eindeutigen Bestimmungen der abgelösten Konvention im Vergleich mit den immerwährend problematischen Formen der existentiell verbundenen Gemeinschaft eignet, wird dadurch wieder aufgehoben, daß diese Bestimmungen nicht hinweisen auf ein Sein und so dem Mißbrauch preisgegeben sind. Ihre uneingeschränkte Verwendbarkeit als Maske ist nur die ironische Selbstwiderlegung des Regelhaften, das sich außerhalb der Beziehung noch weniger als in ihr behaupten läßt.

Verliert in der Sphäre des Detektiv-Romans das Seelische auch seine konstitutive Bedeutung, so wird in ihm auf Psychologie doch nicht Verzicht geleistet; die bestimmt geartete Hervorhebung seelischer Phänomene dient vielmehr als ästhetisches Mittel zur Kennzeichnung des seelenlosen Bereichs, in dem Schattenhaftes sich wirrt. Ausgeschlossen aus ihm sind jene Gegebenheiten, die dem in der Spannung Stehenden sich darbieten mögen, ausgeschlossen auch die Realitäten, die in den konkreten Zwischenschichten gewonnen werden und trotz der Trübungen noch die nach oben weisende Existenz bezeugen. Wie die Welt der ratio sich dem Offenbarungswort verweigert und das Wunder zurückstößt, so sperrt sie sich auch gegen die durch magischen Zwang beschworenen Dämonen, die das Reich zwischen dem Unten und dem Oben bevölkern, denn das ihr nicht Zugehörige kann sie lediglich in der Verzerrung noch spiegeln. Der Detektiv-Roman bezieht darum Fakten und Sinngehalte, die der wie immer verstümmelten Existenz entwachsen, nur in sich ein, um den ihnen eigenen Sinn zu tilgen. Und zwar entwertet er sie zum Derivat des an sich selber sinnlos Seelischen; so meint er als Scheingebilde sie zu beseitigen. Der Visionär wird zum Mondsüchtigen, der Magier verfügt über suggestive Kräfte –: das abnorm Physische verwandelt sich in den Grund von Wirklichkeiten, die in dieser Sphäre nicht reden; sie sind verschlossen, obzwar gebannt, wenn sie Folge nur sind. Freilich, bei der Auflösung ins Physische hat es nicht sein Bewenden; statt Abschluß und Ende zu sein, ist das Physische vielmehr Zwischenglied, das die absolute ratio nach ihren Erfordernissen setzt und versetzt. Der seelische Zustand, der den überpsychologischen Gehalt unterbaut, wird ihr zum undiskutierbaren Element, das sie im Dienst der eigenen Zwecke nutznießt. Damit ihre Herrschaft sich bekunde, setzt ihr der Detektiv-Roman überdies, ästhetisch mit gutem Rechte, eine Fülle psychologischer Einzelzüge vor, an denen sie ihre Kräfte erproben mag. Diese Züge sind nicht konstitutive Merkmale eines individuellen Wesens von nur symptomatischer Bedeutung für die durch sie bestätigte gesamtmenschliche Erscheinung, sondern stabile Eigenschaften des einen oder anderen menschlichen Kunstprodukts, die an nichts haften, isolierte seelische Regungen, die in gewissen Situationen stets wiederkehren oder das Verhalten ganzer Klassen, Nationen, Berufe charakterisieren. Gewiß sind sie Seelenfetzen, aber die Fragmente fordern keine Ergänzung, die Art vielmehr, in der sie eingeführt werden, beweist hinlänglich, daß sie sich selber genügen und ihre ästhetische Funktion darin besteht, die Handlung zu exponieren und den Intellekt in Gang zu bringen. In einer Kriminalnovelle E. A. Poes wird ein Brief, der verborgen bleiben soll, der Aufmerksamkeit dadurch entrückt, daß sein Besitzer ihn an sichtbarem Ort offen aufbewahrt. Dieses Verhalten dient nicht der Kennzeichnung des Menschen, sondern erfüllt den Zweck, dem Detektiv Dupin Gelegenheit zur Entfaltung seines Scharfsinns zu geben. So ist jede psychologische Bestimmung ein absichtlich gestelltes Hindernis, das die zum Sieg verdammte ratio nehmen soll. Damit Sherlock Holmes oder Asbörn Krag, in denen sie sich inkarniert, ihre Fähigkeiten der Analyse bewähren können, werden seelische Elemente zu einer Gleichung mit mehreren Unbekannten zusammengestellt, deren Auflösung jenen Vertretern des Pseudo-Logos zufällt – eine Technik, die Hauff schon in seinem Märchen »Der Jude Abner« vorgebildet hat. Auch als Folie für den waltenden Intellekt, als Hintergrund, von dem er scharf sich abhebt, mag

Seelisches angesetzt werden. Es wirkt sich dann als Stimmung aus, durch die aufspürende Deduktionen wie durch einen Nebel dringen, oder kristallisiert sich zu schwülen Passionen, zu scheinbar irrationalen Gebilden, die ein ästhetisch geforderter Kontrast zur ratio sind und von ihr zuletzt doch überwältigt und ausgestoßen werden. Nur um ihrer Vernichtung willen sind sie überhaupt gesetzt, nur als Beute des Triumphators, der sie zu seiner Verherrlichung mit sich führt, haben sie ein Recht auf Bestand. Die Seele ist nicht in diesem Bereich, und kein schlimmerer Hohn auf ihre Wirklichkeit, als daß ihre Fragmente hier von dem Denken mißbraucht werden, während dort, wo sie wirklich ist, der Geist sie zur Einheit aufrafft und mit ihr sich verbindet.

Hotelhalle

In dem Gotteshaus, dessen Wirklichkeit an die der Gemeinschaft geknüpft ist, vollbringt die Gemeinde das Werk der Verknüpfung, ohne daß die Einzelnen es hier allein vollbringen müßten. Dem Orte verbleibt eine nur mehr dekorative Bedeutung, wenn die Menschen aus der Beziehung getreten sind, die ihn gründet. Versinkt er ins Nichts, so mag darum doch die zu Ende konstruierte zivilisierte Gesellschaft ausgezeichnete Stätten besitzen, die für ihre Nichtexistenz ähnlich zeugen wie das Gotteshaus für die in Wirklichkeit Verbundenen. Freilich, sie weiß es nicht, denn sie blickt nicht nur über ihre Sphäre hinaus, und allein das ästhetische Gebilde, das die Mannigfaltigkeit durch ihre Formung projizierbar macht, läßt den Aufweis der Entsprechung zu. Die typischen Merkmale der im Detektiv-Roman immer wieder auftauchenden Hotelhalle zeigen an, daß mit ihr das Gegenbild des Gotteshauses gemeint sei, vorausgesetzt, daß beide Gebilde in genügender Allgemeinheit verstanden werden, um nur noch als Sphärenbestimmungen zu dienen.

Hier und dort stellt man sich zu *Gaste* ein. Gilt aber das Gotteshaus dem Dienste dessen, zu dem man sich in ihm begibt, so dient die Hotelhalle allen, die sich in ihr zu niemandem begeben. Sie ist der Schauplatz derer, die den stetig Gesuchten nicht suchen noch finden und darum gleichsam im Raume an sich zu Gaste sind, im Raume, der sie umfängt und diesem Umfangen allein zugeeignet ist. Das unpersönliche Nichts, das der Manager repräsentiert, tritt hier an die Stelle des Ungekannten, in dessen Namen sich die Kirchengemeinde versammelt. Und während diese, um die Beziehung zu erfüllen, den Namen anruft und dem Dienste sich widmet, nehmen die in der Halle Zerstreuten das Inkognito des Gastgebers ohne Frage hin. Sie sind die schlechthin Beziehungslosen, die in das Vakuum mit der gleichen Notwendigkeit eintropfen, mit der die nach und in der Wirklichkeit Trachtenden sich aus dem Nirgendwo zu ihrer Bestimmung erheben.

Die Gemeinde, die sich im Gotteshaus zu Gebet und Verehrung findet, entwächst der Unvollkommenheit des gemeinsamen Lebens, nicht um sie zu überwinden, sondern um ihrer eingedenk zu bleiben und sie immer wieder in die Spannung einzubeziehen. Ihre Versammlung ist *Sammlung* und Einigung jenes ausgerichteten Lebens der Gemeinschaft, das zwei Räumen angehört: dem vom Gesetz überdachten Raum und dem Raum jenseits des Gesetzes. An dem Kirchenorte – freilich nicht nur an ihm – treffen sich die getrennten Läufe, das Gesetz bricht sich hier, ohne gebrochen zu werden, und die paradoxe Spaltung erfährt hier ihre Legitimierung, indem ihre träge Kontinuität je und je aufgehoben wird. Durch die Erbauung der Gemeinde baut sich so die Gemeinschaft stets von neuem auf, und die Erhebung über den Alltag bewahrt den Alltag selber vorm Versinken. Daß diese Zurückführung der Gemeinschaft auf ihren Quellpunkt sich örtlicher und zeitlicher Beschränkung fügen muß, daß sie aus weltlicher Gemeinschaft herausleitet und in Sonderfeiern sich vollzieht, ist nur ein Zeichen für die fragwürdige Stellung des Menschen zwischen dem Oben und dem Unten, die ihn dauernd zu selbständiger Fixierung des in der Spannung Gegebenen oder Errungenen zwingt.

Da die niedere Region durch das Merkmal der Spannungslosigkeit bestimmt wird, ist das Beisammen in der Hotelhalle ohne Sinn. Zwar, auch hier geschieht die Ablösung vom Alltag, aber diese Ablösung führt nicht dazu, daß die Gemeinschaft als Gemeinde sich ihrer Existenz versichert, sondern versetzt die Figuren lediglich aus der Unwirklichkeit des Getriebes an einen Ort, an dem sie auf die Leere auftreffen würden, wenn sie – mehr als Bezugspunkte wären. Man befindet sich in der Hall vis à vis de rien, sie ist eine bloße Lücke, die nicht einmal, wie das Sitzungszimmer einer Aktiengesellschaft, einem von der ratio gesetzten Zwecke dient, der allenfalls die in der Beziehung vernommene Weisung überdecken könnte. Gewährt aber der Aufenthalt im Hotel weder Ausblick noch Ausweg, so schafft er eine grundlose Distanz zum Alltag, die höchstens ästhetisch ausgenutzt werden mag – ästhetisch hier als Bestimmung des nichtexistenten Menschen gemeint, als Residuum jenes positiv Ästhetischen, das im Detektiv-Roman die Nichtexistenz beziehbar macht. Der untätig Umhersitzenden bemächtigt sich ein interesseloses Wohlgefallen an der sich selbst erzeugenden Welt, deren Zweckmäßigkeit man empfindet, ohne die Vorstellung eines Zweckes mit ihr zu verbinden. Die Kantische Definition des Schönen erfährt hier eine Realisierung, die Ernst macht mit ihrer Isolierung des Ästhetischen und ihrer Inhaltslosigkeit; denn bei den entleerten Individuen des Detektiv-Romans, die als rational konstruierte Komplexe dem Transzendentalsubjekt vergleichbar sind, wird in der Tat das ästhetische Vermögen aus dem existentiellen Zug des Gesamtmenschen herausgelöst und zu einer rein formalen Relation entwirklicht, die sich gegen das Selbst genauso gleichgültig wie gegen den Stoff verhält. Kant selber mochte dieses schauerlichen Endspurts des Transzendentalsubjekts nicht eingedenk sein, weil ihm das Transzendentale noch sprunglos in die vorgeformte Subjekt-Objekt-Welt überging. Daß er, auch im Ästhetischen, den Gesamtmenschen nicht durchaus preisgibt, bestätigt seine Bestimmung des Erhabenen, die das Sittliche mit ins Kalkül einbezieht und so die Überreste des zerstückelten Ganzen wieder zusammenzufügen sucht. In der Hotelhalle freilich wird das Ästhetische, das nichts von Erhabenheit hat, ohne Rücksicht auf diese nach oben hinzielenden Intentionen dargestellt, und die Formel »Zweckmäßigkeit ohne Zweck« erschöpft zugleich seinen Gehalt. Wie die Hall der Raum ist, der nicht über sich hinausweist, so setzt sich der ihr zugeordnete ästhetische Zustand selber als letzt Schranke. Sie zu durchbrechen bleibt verwehrt, wenn die Spannung unterbunden ist, die zum Durchbruch vortreibt, und Marionetten der ratio, die keine Menschen sind, sich absondern von ihrer Geschäftigkeit. Das Ästhetische aber, das sich zum Ende macht, entwurzelt sich; es verdeckt das Höhere, auf das es deuten sollte, und meint nur die eigene Leerheit, die nach dem Wortsinne jener Kantischen Definition eine bloße Relation von Kräften ist. Aus der nichtssagenden formalen Harmonie erhebt es sich erst, wenn es dient, wenn es, statt Autonomie zu beanspruchen, sich in die Spannung eintut, die nicht ihm selber gilt. Richtet der Mensch noch über die Gestalt sich aus, dann mag auch das Schöne reifen, das ein erfülltes Schönes ist, weil es Folge ist und nicht Ziel – während nur die Leerform von ihm verbleibt, wo es zum Ziel erkoren wird, dem nichts mehr folgt. Sowohl die Hotelhalle wie das Gotteshaus antworten dem ästhetischen Sinn, der in ihnen seine rechtmäßigen Forderungen anmeldet; doch hat das Schöne hier eine Sprache, mit der es auch wider sich zeugt, so ist es dort stumm in sich selbst und weiß das Andere nicht zu finden. In dem geschmackvollen Klubsessel verendet die auf Rationalisierung gerichtete Zivilisation, die Zierate des Kirchengestühls dagegen sind aus der Spannung geboren, die ihnen aufzeigende Bedeutung verleiht. So schlagen Choräle, die Ausdruck des Dienstes sind, in Potpourris um, deren Weisen zu purer Nichtigkeit stimulieren, und Andacht stockt sich zu erotischem Behagen, das ohne Gegenstand umschweift.

Auch die Gleichheit der Betenden wird in der Hotelhalle verzerrt gespiegelt. Wenn die Gemeinde ersteht, schwinden die Unterschiede zwischen den Menschen, denn die Kreaturen sind von einerlei Bestimmung, und vor dem Geiste, der sie bestimmt, erlischt, was ihn selber nicht bestimmt: Notgrenze, von Menschen gesetzt, und

Scheidung, die Natur bewirkt. Das Provisorium des gemeinsamen Lebens wird im Gotteshaus als Provisorium erfahren, und der Sünder geht so in das »Wir« ein wie der Gerechte, dessen Sicherheit hier gebrochen ist. Dies: daß alles Menschliche hinzielt auf seine Bedingung, schafft die Gleichheit des Bedingten; Großes verliert sich neben dem Kleinen, und Gut und Böse bleiben in der Schwebe, wenn die Gemeinde sich zu Dem verhält, den kein Maß ermessen kann. Solche Relativierung der Qualitäten führt nicht zu ihrer Vermengung, sondern erhöht sie zur Wirklichkeit, da die Beziehung zum Letzten die Erschütterung der vorletzten Dinge befiehlt, ohne sie doch zu vernichten. Die Gleichheit ist positiv und wesenhaft, nicht Abstrich und Vordergrund, sie ist die Erfüllung des Unterschiedenen, das auf sein unabhängiges Eigensein verzichten muß, damit das Eigenste gerettet werde. Dieses Eigenste wird im Gotteshaus erharrt und gemeint; beschattet, solange nur menschliche Grenzen gezogen sind, wirft es selber seinen Schatten auf die Besonderungen, wenn der Mensch an die Grenze schlechthin rückt.

Statt auf das Gottesverhältnis gründet sich in der Hotelhalle die Gleichheit auf das Verhältnis zum Nichts. Die Ablösung läßt hier, im Raume der Beziehungslosigkeit, das zweckhafte Tun nicht unter sich, sondern klammert es ein um einer Freiheit willen, die nur sich selber meinen kann und darum in Entspannung und Indifferenz vergeht. Während im Gotteshause die menschlichen Unterscheidungen in ihre Vorläufigkeit herabsinken, entlarvt durch den Ernst, vor dem die Gewißheit des Definitivmus weicht, führt ein ungerichtetes Weilen, dem kein Anruf gilt, zum bloßen Spiel, das den unernsten Alltag gerade zum Ernste erhöht. Simmels Definition der Gesellschaft als einer »Spielform der Vergesellschaftung« besteht durchaus zu Recht, nur eben kommt sie über Beschreibung nicht hinaus. Es ist die formale Übereinstimmung der Figuren, die in der Hotelhalle sich darstellt, eine

Gleichheit, die Entleerung, nicht Erfüllung bedeutet. Herausgehoben aus der Betriebsamkeit, gewinnt man wohl Abstand von den Besonderungen des »eigentlichen Lebens«, ohne jedoch einer neuen Bestimmung zu unterliegen, die den Geltungsbereich jener Fixierungen von oben her einschränkte; und so verflüchtigt man in unbestimmter Leere hilflos zum »Gesellschaftsglied überhaupt«, das überflüssig beiseite steht und sich betäubt, wenn es spielt. Dieses Außerkraftsetzen eines an sich schon unwirklichen Beisammens reißt also nicht zur Wirklichkeit empor, sondern ist viel eher ein Entgleiten nach unten in das doppelt unwirkliche Gemenge der unterschiedslosen Atome, aus denen die Scheinwelt sich aufbaut. Tritt in dem Gotteshaus die Kreatur hervor, die sich als Träger der Gemeinschaft weiß, so schält sich in der Hotelhalle das wesenlose Grundelement heraus, auf das die rationale Vergesellschaftung zurückzuführen ist. Es nähert sich dem Nichts an und entsteht in Analogie zu den abstrakten und formalen Algemeinbegriffen, aus denen das der Spannung entronnene Denken die Welt zu begreifen wähnt. Diese Abstrakta sind Kehrbilder der in der Beziehung empfangenen Allgemeinbegriffe: sie berauben das unfaßlich Gegebene seines möglichen Gehalts, statt es durch Hinordnung auf die oberen Fixierungen in die Wirklichkeit zu heben; sie gelten nicht dem ausgerichteten Gesamtmenschen, der, die Welt mitnehmend, ihnen entgegenwächst, sondern werden von dem Transzendentalsubjekt gesetzt, das sie an der Ohnmacht teilhaben läßt, in die es durch sein angemaßtes Weltzeugertum verfällt. Nimmt auch die freischwebende ratio noch, ihrer Bedingtheit dunkel bewußt, die Begriffe von Gott, Freiheit, Unsterblichkeit an, so sind es doch nicht die gleichlautenden existentiellen Begriffe, die sie findet, und der Kategorische Imperativ ist gewiß kein Ersatz für die aus sittlicher Entscheidung hervorgehende Weisung. Immerhin bestätigt die Verwebung dieser Begriffe zum System, daß man die verlorengegangene Wirklichkeit nicht abstoßen möchte; nur freilich wird man ihrer nicht habhaft, weil man sie mit den Mitteln eines Denkens sucht, das sich von ihr losgesagt hat. Die Verlassenheit der ratio vollendet sich erst, wenn sie die Maske ablegt und in die Leere irgendwelcher Abstrakta stürzt, die keine Mimikry oberer Fixierungen mehr sind, wenn sie auf die betörenden Gleichklänge verzichtet und sich selber auch im Begriffe begehrt. Ihr bleibt als Unbedingtes dann lediglich das jetzt offen anerkannte Nichts, in dem sie, von unten nach oben greifend, die ihr nicht mehr verbliebene Wirklichkeit zu gründen trachtet. Wird Gott dem in der Spannung befindlichen Menschen zum Aus- und Eingang des Geschaffenen, so erschafft der ganz zu sich abgeirrte Intellekt den Schein der Gestaltenfülle aus der Null. Dem dieser zunächst gelegenen Bedeutungslos-Allgemeinen, das sich aus dem Nichts nur gerade soweit aussondert, als es die Ableitung des Etwas erforderlich macht, meint er die Welt zu entwinden, die doch Welt erst ist, wenn das wirklich erfahrene Allgemeine sie deutet. Er bringt die das Mannigfaltige durchsetzenden Relationen auf den Generalnenner des Energiebegriffs, den kaum eine dünne Schicht noch von der Null trennt; oder er stiehlt dem historischen Geschehen die Paradoxie und begreift das eingeebnete als Fortschritt in der eindimensionalen Zeit, oder er steigert, scheinbar sich selbst verleugnend, das irrationale »Leben« zur Würde der Entität, um aus dem freigesetzten Residuum gesamtmenschlichen Seins sich eingegrenzt zurückzugewinnen und die Sphären in ihrer ganzen Breite zu durchstoßen. Legt man diese äußersten Reduktionen des Wirklichen zugrunde, so mag man – die Lebensphilosophie Simmels bestätigt es – ein nicht weniger umfassendes Zerrbild der am oberen Sphärenort gewonnenen Befunde erlangen wie bei dem Vordringen von den Worten »Gott« oder »Geist«, aber unzweideutiger als die mißbräuchliche Verwendung der unfaßbar gewordenen Kategorien gibt doch der Einsatz der leeren Abstrakta die faktische Position des entglittenen Denkens kund. Den ausgeblasenen Termini, die das Unterschiedene aus dem Einerlei der Null hervortreiben, entsprechen die Besucher der Hotelhalle, die das Individuum hinter der peripheren Gleichheit gesellschaftlicher Larven verschwinden lassen. Das unbestimmte Sondersein, das im Gotteshaus jener nicht sichtbaren Gleichheit der vor Gott Stehenden weicht, aus der es sich erneuert und bestimmt, heben sie dadurch auf, daß sie zum Frack entwerden. Und die Trivialität ihrer Rede, die ziellos auf nichtige Gegenstände zielt, damit man in ihrer Äußerlichkeit sich begegne, ist nur das Widerspiel des Gebets, das nach unten verweist, was sie müßig umgehen. – Auch die Wahrung der Ruhe, die in der Hotelhalle nicht minder als im Gotteshaus anbefohlen ist, deutet darauf hin, daß sich die Menschen in beiden Räumen wesentlich als Gleiche befinden. Von jener darf es im »Tod von Venedig« heißen: »In dem Raum herrschte die feierliche Stille, die zum Ehrgeiz der großen Hotels gehört. Die bedienenden Kellner gingen auf leisen Sohlen umher. Ein Klappern des Theegerätes, ein halbgeflüstertes Wort war alles, was man vernahm.« Die gehaltlose Feierlichkeit dieser von der Konvention gebotenen Stille entspringt nicht wechselseitiger Rücksicht, wie sie überall genommen werden mag, sondern dient der Tilgung der Verschiedenheiten; sie ist eine Stille, die von dem differenzierenden Wort abstrahiert und in die Gleichheit vor dem Nichts herabzwingt, aus der die den Raum durchwirkende Stimme aufscheuchen würde. Im Gotteshaus dagegen bedeutet Schweigen die Einkehr in das hingespannte Selbst, und das Wort an die Menschen wird nur ausgelöscht, um das andere Wort freizugeben, das, gesagt oder ungesagt, über die Menschen hinaus sich richtet.

Da es nicht der Zwiesprache der Sprechenden gilt, sind die Glieder der Gemeinde anonym. Sie entwachsen ihrem

Namen voreinander, weil gerade das durch ihn bezeichnete empirische Wesen im Gebet versinkt, und so kennen sie einander nicht als die Besonderen, die mit ihrem vielbedingten Dasein in die Welt verwoben sind. Gibt der Eigenname seinen Träger kund, so scheidet er ihn zugleich von den Benannten, er macht offenbar und verdunkelt in eins, und nicht umsonst wollen Liebende ihn zerstören, wie eine letzte Wand, die sie trennt. Seine Preisgabe erst, die der halben Verbundenheit in den Zwischenbereichen ein Ende setzt, ermöglicht die umgreifende Verbundenheit derer, die aus dem Helldunkel wechselseitiger Berührung in die Nacht und das Licht des oberen Geheimnisses treten. Nun sie nicht wissen, wer der Nächste ist, wird ihnen der Nachbar zum Nächsten, denn aus seiner zerrinnenden Erscheinung erhebt sich die Kreatur, deren Züge die ihren sind. Nur die vor Gott Stehenden freilich sind einander fremd genug, um sich als Brüder zu finden, sind nur so weit enthüllt, daß sie sich ungekannt und namenlos zu lieben vermögen. An der Grenze des Menschlichen stoßen sie ihre Benennung ab, damit ihnen das Wort zuteil werde, das sie reiner als jede Satzung der Menschen trifft, und in der Verborgenheit, in die solche Relativierung des Gestalthaften treibt, erfragen sie ihre Gestalt. Dem namenspendenden Geheimnis geöffnet und in ihrem Gottesverhältnis einander durchscheinend geworden: so gehen sie in das »Wir« ein, das eine Gemeinsamkeit der Geschöpfe meint, die alle jene am Eigennamen haftenden Trennungen und Vereinigungen aufhebt und begründet.

Dieses grenzhafte Wir der Sichenteignenden, das menschlicher Bedingtheit wegen sich im Gotteshaus stellvertretend verwirklicht, wird in der Hotelhalle zur Isoliertheit anonymer Atome verkehrt. Der Beruf löst sich hier ab von der Figur, und der Name geht unter im Raum, da nur die noch unbenannte Menge der ratio als Angriffspunkt dienen kann. In das Nichts, aus dem sie die Welt produzieren möchte, drückt sie auch die von ihr entindividualisierten Scheinindividuen herab, deren Inkognito keinen anderen Zweck mehr verfolgt als die bedeutungslose Bewegung in den Bahnen der Konvention. Erschöpft sich aber der Sinn der Anonymität in der Repräsentation des nichtigen Anfangs, der Darstellung formaler Regelhaftigkeit, so bewirkt sie nicht die Verbundenheit der aus der Enge des Namens Befreiten, sondern entzieht den Sichbegegnenden die Verbindungsmöglichkeit, die ihnen der Name gewähren mag. Rudimente von Individuen entgleiten ins Nirwana der Entspannung, Gesichter verlieren sich hinter der Zeitung, und die künstliche Dauerbeleuchtung erhellt lauter Mannequins. Ein Kommen und Gehen der Unbekannten, die durch den Verlust ihres Kennworts zur Leerform werden und als plane Gespenster ungreifbar vorüberziehen. Besäßen sie ein Innen, es entbehrte der Fenster, und sie vergingen in dem Bewußtsein unendlicher Verlassenheit, statt wie die Gemeinde um ihre Heimat zu wissen. Als bloßes Außen aber entschwinden sie sich selber und drücken ihr Nichtsein durch die schlecht-ästhetische Bejahung der zwischen ihnen gesetzten Fremde aus. Die Darbietung der Oberfläche ist ihnen ein Reiz, der Hauch des Exotischen streift sie angenehm. Ja, um die Ferne zu bekräftigen, deren Definitivum sie lockt, lassen sie sich abprallen an einer Nähe, die sie selbst heraufbeschwören: ihre monologische Phantasie heftet den Masken Bezeichnungen an, die das Gegenüber als Spielzeug nutzen, und der flüchtige Blickwechsel, der die Möglichkeit des Austauschs schafft, wird nur zugestanden, weil das Trugbild der Möglichkeit die Wirklichkeit der Distanz bestätigt. Wie im Gotteshaus, so entschleiert auch hier die Namenlosigkeit den Sinn der Benennungen; doch während sie dort ein Harren in der Spannung ist, das die Vorläufigkeit der Benennungen erweist, ist sie in der Hotelhalle ein Zurückweichen in die unerfragte Grundlosigkeit, die der Intellekt zum Ursprungsort der Namen macht. Wo aber der Ruf nicht vernommen wird, der zum Wir vereint, da sondern sich die der Gestalt Entronnenen unwiderruflich voneinander ab.

In der Gemeinde ersteht die ganze Gemeinschaft, denn die unmittelbare Beziehung zum übergesetzlichen Geheimnis eröffnet die Paradoxie des Gesetzes, das in der Aktualität des Gottesverhältnisses suspendiert werden mag. Es ist ein Vorletztes und tritt zurück, wenn die Verknüpfung geschieht, die den Sicheren demütigt und den Gefährdeten einbezieht. Auch die so ahnungslosen Figuren in der Hotelhalle repräsentieren die ganze Gesellschaft; nicht aber, weil hier die Transzendenz zu sich emporraffte, sondern weil das Getriebe der Immanenz sich noch verhüllt. Statt daß das Geheimnis die Menschen über sich hinausweist, schiebt es sich zwischen die Larven ein; statt daß es die Schalen des Menschlichen durchdringt, ist es der Schleier, der alles Menschliche umzieht; statt daß es vor die Frage stellt, die dem Provisorium gilt, lähmt es das Fragen, das in dieses Provisorium hebt. »So bestätigt es sich wieder einmal«, lautet ein Passus in Sven Elvestads allzu reflektiertem Detektiv-Roman »Der Tod kehrt ins Hotel ein«, – » So bestätigt es sich wieder einmal, daß ein großes Hotel eine Welt für sich ist, und diese Welt ist wie die übrige große Welt. Hier treiben sich die Gäste in ihrem leichten, sorglosen Sommerdasein herum und ahnen nicht, daß sich mitten unter ihnen seltsame Geheimnisse bewegen.« Seltsame Geheimnisse: das Wort ist ironisch-doppelsinnig. Einmal meint es ganz allgemein die Bemäntelung des gelebten Daseins überhaupt; zum andern wird mit ihm das verzerrte obere Geheimnis gemeint, das sich in den die Sicherheit bedrohenden illegalen Handlungen auswirken mag. Die Verborgenheit des gesamten legalen und illegalen Verkehrs, auf die der Ausdruck seiner ersten und unmittelbaren Bedeutung nach hinzielt, ist ein Zeichen dafür, daß in der Hotelhalle das in der reinen Immanenz sich entfaltende Pseudo-Leben auf seinen undifferenzierten Anfang zurückgedrängt wird. Entschälte sich das Geheimnis, ginge die bloße Möglichkeit im Faktum unter: schon wäre durch die Abspaltung des Illegalen aus dem Nichts das Etwas hervorgetreten. Die Hoteldirektion verschweigt daher den Gästen fürsorglich die realen Geschehnisse, die den schlechtästhetischen Zustand tilgen könnten, der jenes Nichts verkleidet. Wie also das nicht mehr erfahrene obere Geheimnis die ihm Zugekehrten über die Mitte treibt, in der das Gesetz die Grenze bezeichnet, so bannt das Geheimnis, das die Entstellung des oberen Grundes und damit die äußerste Abstraktion der das immanente Leben aufreißenden Gefahren ist, in die geronnene Neutralität des sinnlosen Anfangs ein, der die Scheinmitte entsteigt. Es hindert den Ausbruch der Besonderungen im Dienste der emanzipierten ratio, die ihren Sieg über das Etwas in der Hotelhalle dadurch bekräftigt, daß sie den Konventionen zur Herrschaft verhilft. Diese sind so abgeschliffen, daß das durch sie geborgene Tun zugleich ein verbergendes ist – ein Tun, das dem legalen Leben genauso zum Schutze gereicht wie dem illegalen, weil es als Leerform einer jeden möglichen Gesellschaft sich nicht auf eine bestimmte Sache richtet, sondern in seiner Belanglosigkeit sich selber genügt.

Detektiv

Die ästhetische Totalität, zu der die aus dem Urnebel des Hotelvestibüls sich zeugende Welt gestaltet wird, wäre eindeutig, wenn die in ihre Gehalte eingelegten Institutionen sich rein aus den Bedingungen herleiten ließen, denen die zu Ende konstruierte zivilisierte Gesellschaft untersteht. Der Detektiv-Roman beschränkte sich in diesem Falle auf die ästhetische Mindestleistung: er wiese ein Bild der Unwirklichkeit auf, das den von ihm nach ästhetischen Gesetzen bewegten Figuren unsichtbar bliebe, und gestattete die Deutung der in den Strukturzusammenhang einverwobenen Befunde durch ihre Projektion auf die entsprechenden Gegebenheiten der Wirklichkeit. Nun begnügt sich aber die ästhetische Existentialität keineswegs mit der Vorführung von Evolutionen, die sich im Sinne der Marionetten selber entfalten, sondern möchte die erfahrene Wirklichkeit unmittelbar in die Scheinwelt der niederen Regionen hineinspielen. Die Darstellung des Unwirklichen verzerrt also die Wirklichkeit in doppelter Weise: sie ist ihre Verleugnung, die nur den eigenen Voraussetzungen gehorcht, und ist ihre Überdeckung, die diese Voraussetzungen angreift: der ästhetisch umgriffene Prozeß, der das mit ihm Gemeinte nicht meint, nimmt Intentionen auf, die seiner Uneigentlichkeit das Eigentliche einzubilden suchen.

Die mehrfache Akzentuierung des Gleichen wird dadurch erwiesen, daß die ratio als das konstitutive Prinzip der entwirklichten Welt in verschiedenen Rollen die Szene beherrscht. Sie ist die schlechthin Bedingende, über der nichts mehr wohnt. So sieht sie der in die Immanenz Verstrickte, den sie geschaffen; stumm treibt er hin, wie sie ihn bewegt, denn fragte er je, ihre Sinnlosigkeit wäre ihm nicht der Anfang, der nicht anfängt, und das Ende, das kein Ende kennt. Aber zugleich ist sie die Bedingte, die in der Spannung verhaftet, und die Figuren in der durch sie beschworenen Leere werden beinahe zu Menschen, die durch sie hindurch auf die Wirklichkeit zielen, aus der sie ausgebrochen ist. Alles Höhere, das sie verstoßen, pocht an die Pforte, die sie geschlossen hält. Sie vertritt das Ethische, das der Beziehung entwächst, und als das ihm überlegene Prinzip scheint sie gar seine Paradoxie zu enthüllen. Freilich, die Wirklichkeit findet die Worte nicht, die sie ungebrochen benennen, sie muß sich in dem fremden Idiom der ungemäßen Kategorien kundgeben, aus dessen Gestammel sie verschroben nur widerklingt. Da immerhin, kraft der Existentialität des Ästhetischen, die Entscheidung zu ihr mitten im scheinhaften Getriebe erfolgt, werden dieselben Befunde, die im Grenzfalle nicht anders als die in der niederen Region gebotenen Entstellungen der Gehalte höherer Sphären sind, mit Bedeutungen gesättigt, die ihren Zerrsinn richtigstellen und in ihnen jene Gehalte selber vergegenwärtigen möchten. Ein Ineinander der Intentionen, eine Achsendrehung vom Uneigentlichen zum Eigentlichen, bei deren Vollzug sich jede spätere Perspektive über die vorangegangenen schiebt. Durch diese Drehung, die eine Preisgabe der den Zugang zur Wirklichkeit verlegenden Kategorien herbeiführen kann, wird der Detektiv-Roman transzendiert.

Der Detektiv schweift in dem Leerraum zwischen den Figuren als entspannter Darsteller der ratio, die sich mit dem Illegalen auseinandersetzt, um es, gleich den Sachverhalten des legalen Betriebs, zu dem Nichts ihrer eigenen Indifferenz zu zerstäuben. Er richtet sich nicht auf die ratio, sondern ist ihre Personifikation, er erfüllt nicht als ihre Kreatur das von ihr Geheißene, sie selber vielmehr vollstreckt ihren Auftrag in seiner Unperson – denn drastischer als durch die Identifizierung der Figur mit dem sich absolut setzenden Prinzip kann der Spannungsschwund zwischen der Welt und ihrer Bedingung ästhetisch nicht wohl erwiesen werden. Wie Gott den Menschen nach seinem Ebenbild schafft, so gebiert sich die ratio in dem abstrakten Schemen des Detektivs, der sie von vornherein repräsentiert, statt durch die Hinwendung zu ihr in sie einzugehen. Da sie ein Selbst nicht gelten läßt, ist ihr verwehrt, die Scheinwelt auf sich zu beziehen, und so besteht die Erlösungstat des Detektivs in der Auflösung des aus ihr gewordenen Etwas, das sie, gewiß nicht um der Legalität willen, zu sich zurückzunehmen trachtet.

Diese Figur, in die sich der Pseudo-Logos zur Bewältigung seiner Aufgabe verwandelt, ist keineswegs seine allegorische Darstellung. Zwar auch die Allegorie verkörpert Allgemeinbegriffe, die ihr Sein und ihre Symbolfähigkeit verloren haben, weil sie nicht in der Beziehung erfahren sind, und nun, erfrorene Idole, in der Gestaltung fortdauern sollen, die sie fixiert. Doch während hier die schon entglittene Wirklichkeit eine Verleibung erhält, die sie im Schein bewahrt – eine Verleibung, die traurig das nur in der Verknüpftheit faßlich Unfaßliche im Eben- und Gegenbild darbietet –, entleert die ratio die noch gegebene Wirklichkeit so lange, bis sie zum Bild ihrer eigenen Unwirklichkeit wird. Der Sinn der Identifizierung ist beide Male ein verschiedener: im einen Falle möchte sie, das Wirkliche zu retten, die geschwundenen ontologischen Begriffe durch ihre Personifikation magisch beschwören, im anderen Falle gibt sie das Wirkliche preis, indem sie den bedeutungslosen Allgemeinbegriff personifiziert. Sein Auftreten als Akteur, das der gleichen ästhetischen Stilisierungsabsicht entspringt wie die Kennzeichnung der Mitspielenden durch die Aneinanderreihung abgestempelter Merkmale, vollendet die Entpersonalisierung der aus ihm sich zeugenden Welt, wird doch das schlechthin Unpersönliche nur Figur, wenn in der Figur die Person untergegangen ist. Glattrasiertes Gesicht, dessen smarte Züge, abgesehen von ihrer Prägung durch den Intellekt, der Eigenbedeutung entbehren, »trainierter Sportsmannskörper, beherrschte Bewegungen« (so Karl Lerbs in der Einleitung zu den von ihm unter dem Titel »Der Griff aus dem Dunkel« herausgegebenen Detektivgeschichten, Josef Singer Verlag, Leipzig); ferner unauffälliges Benehmen und Kleidung nach der Mode und den Umständen: dies die typische Erscheinung des Detektivs. Damit seine Wesenlosigkeit sich hervorkehre, läßt man ihn Mimikry treiben mit den Angehörigen der fashionablen Gesellschaft, die gerne nach der gleichen Façon selig werden und mehr der Konvention gehorchen als dem eigenen Trieb. Als den Figuranten der ratio, dessen Rolle nicht wechselt, entlarvt ihn die Tatsache zumal, daß er von jedem Autor einen Namen empfängt, der ihm zum unveräußerlichen Kennwort wird. Heiße er Sherlock Holmes, Rouletabille, Joe Jenkins: die Bezeichnung bleibt ihm erhalten in der Erscheinungen Flucht, und so bleibt auch er selber der gleiche.

Der Anspruch der ratio auf Autonomie macht den Detektiv zum Widerspiel Gottes selber. Das Immanente, das die Transzendenz verleugnet, setzt sich an ihre Stelle, und es ist nur der ästhetische Ausdruck solcher Verzerrung, wenn dem Detektiv der Schein der Allwissenheit und Allgegenwärtigkeit verliehen wird, wenn er als Vorsehung Begebenheiten zu löblichem Ende verhindern oder herbeiführen darf. Er ist aber nicht in antikischem Sinn Gott kraft der Vollkommenheit seiner Gestalt oder der unableitbaren Macht seines Wesens, sondern dies: daß er das Gestaltete enträtselt, ohne es gefaßt zu haben, und alle Wesenszüge durch intellektuelle Ableitung bezwingt, stempelt ihn zum Lenker hier. Der Roman enthüllt so indiskret, was die verblendete ratio nicht sehen kann: wie wenig ihre angemaßte Göttlichkeit in der Wirklichkeit verschlägt. Denn sie rechnet, im Kostüm des Detektivs, mit vorgegebenen Größen, statt das unvergleichlich Seiende zu bewirken, nimmt, statt die Menschen zu wandeln und zu wägen, Pseudo-Menschen fraglos als Fertigfabrikate hin, deren Bewegungsgesetze sie kennt und nutzt, und leitet Handlungen, die auf sie nicht bezogen sind, statt aus dem Gang der Geschicke sich zu bezeugen. Dieser Detektiv-Gott ist Gott in einer Welt nur, die Gott verlassen hat und darum nicht eigentlich ist, er beherrscht das Wesenlose und waltet über Funktionen, denen es an Trägern gebricht. In der Wirklichkeit hätte die Gottspielerei ihr Ende, die ratio verlöre in ihr die Scheinmacht, die Diebstahl ist, und der Detektiv erwiese sich als degenerierter Nachkömmling des Laplaceschen Geistes, doch gewiß nicht als Göttersohn.

Indessen, Gott zu sein, ist auch nicht sein Hauptberuf. Nur die Depossedierung Gottes in der niederen Region zwingt die ästhetische Darstellung dieser Region, der Personifikation des die Sphäre konstituierenden Prinzips Attribute beizumessen, die der Transzendenz allein eignen, und eine Figur zu schaffen, die in höheren Sphären keine Entsprechung haben kann, da in ihnen die göttliche Realität immer mächtiger, immer abgehobener sich entfaltet. Wo sie unerkannt bleibt, muß sie freilich trügerisch und maskiert sich zu erkennen geben, denn das Wirkliche setzt sich wider den Willen des Unwirklichen durch. Und so verdichtet sie sich in dem Vertreter der ratio als der obersten Puppe jenes trüben Bereichs, sie wird zur Karikatur ihrer selbst in dem Getriebe, die in die Lücke einspringt und die leere Stelle scheinbar erfüllt.

Die Figur, auf der sie sich niederläßt, übernimmt andere Bedeutungen noch als diese äußerste, untragbare – Bedeutungen, die real zu verkörpern wären, wenn es um die Darbietung der Wirklichkeit ginge. Ist der Detektiv in der durchrationalisierten Gesellschaft der Repräsentant des absoluten Prinzips, so ist er zugleich die einzig mögliche Entsprechung jener Gestalten, die an der Grenze des

Gesetzes oder jenseits seiner Grenze die Beziehung zum Absoluten erwirken; da er das entstellte Unbedingte personifiziert, muß er die Personen entstellen, die zum Unbedingten sich verhalten. Ein säkularisierter Priester, nimmt er Verbrechern die Beichte ab, um die niemand sonst erfährt – es sei denn der Biograph seiner Taten –, wird zum Mitwisser von Geheimnissen, die er zu wahren versteht, ohne daß sie in ihm sich bewahrten. Nicht etwa im Dienst der Gerechtigkeit oder als Mittler, der Absolution erteilt, empfängt er das Anvertraute; zur Selbstglorifizierung der ratio vielmehr, die das Opfer an sich reißt, das sie nicht weiterzugeben vermag. Ihr zum Ruhme zelebriert er im Hotelvestibül seine Messen, die gespenstischer sind als die schwarzen, weil sie der Verehrung des Indifferenten gelten, dem es selbst an der Positivität des Teufels gebricht. Bezeichnend genug, daß die kultische Handlung in der unheiligen Halle erfolgreich nur begangen werden kann, wenn sie der Menge verborgen bleibt. Diese vom Übel des Etwas zu erlösen, ist ihr Sinn, und da sie als Aktion der ratio überdies der Teilnahme sich entzieht, muß sie im Geheimen die aufstörenden Fakten vernichten. Chestertons Roman »The innocence of Father Brown« verwandelt den Detektiv wirklich in den Priester und enthüllt jenen damit als Stellvertreter in der niederen Region. Die rationale Analyse wird ad absurdum geführt und gezeigt, daß priesterliches Verständnis für das Menschliche weiter reiche als reine Logik, die sich entmenschlicht hat. – Auch die Qualitäten des Mönchs werden dem Detektiv geliehen. Gleich dem Abgesonderten in der Zelle ergibt er sich einsam seinen Meditationen, nur die unvermeidliche Pfeife sich zugesellt, die sein Ausscheiden aus dem Getriebe ästhetisch bekundet. Während hier aber die strenge Klausur ein Gebot der ratio ist, die zu sich selber gelangen will, ist sie dort das Mittel der Sammlung, die zu dem Anderen führt. Den Konzentrierten, der alles Menschlich-Empirische von sich abstreift, und den

Andächtigen, der das Menschliche ganz zusammendrängt: das stille Kämmerlein umfängt sie beide, weil beide seiner Abgeschiedenheit bedürfen, um in verschiedenen Sphären den gleichen Beruf mit Ausschließlichkeit zu erfüllen. – Seine Ausübung macht den Detektiv nicht nur zum Zerrbild des Mönchs, sie läßt ihn auch zum Widerspiel des Helden werden, des Helden der ratio, der die gewisse Wahrheit unter allen Umständen behauptet. Nur freilich figuriert er in solcher Rolle, ohne mehr als der Schein des Helden zu sein. Denn er erhält in der bedingten Welt das ungewisse Absolute nicht kämpfend, sondern kämpft als das Absolute selber in ihr; und da er so der Bedingtheit nicht unterworfen ist, gerät er auch nicht in den tragischen Konflikt, der ihn zum unentrinnbaren Scheitern verdammte. Der Sieg vielmehr ist a priori sein, und sein Heldentum daher nur ein Mißverständnis des echten, das der Tod allein zu besiegeln vermag, der definitiv das Bedingte der Paradoxie enthebt. Der Held ist Held, wenn er sterben kann, der Detektiv dagegen darf nicht sterben, weil die ratio ohne Ende sich heroisch gebärden muß – und gesetzt, er stürbe doch, sein Tod wäre ein Zufall nur (der in der Phantasie-Erlahmung des Autors etwa gründen könnte), statt eine letzte Bewährung zu sein. Wie unerschrocken immer er sich einsetze, wie kühn er als Ritter sans peur et sans reproche die Verbrecher erjage: die heldischen Züge sind nur die Draperie des dem Schicksal Entzogenen, Ausgeburten der ästhetischen Intention, die alle Entsprechungen der Figur in der Wirklichkeit sichtbar zu machen hat. – Sie läßt darum nicht zuletzt den Detektiv als Magier auftreten, verleiht ihm Kraft der Beschwörung und die Attitüde des Meisters, der geheimer Künste des Bannens und Heraufzauberns mächtig ist. Magie indessen sickert nur schwer durch den Sphärenfilter hindurch; ihre Negation ist der rationale Prozeß, zu dem in den niederen Regionen die Gestalt der Beschwörung wie jede andere auch entzaubert wird.

Damit das in ihm verschwundene Magische noch auffindbar sei, ohne ernsthaft zu gelten, teilt der Detektiv-Roman die Rolle des Scheines ihm zu. Als Wundermann in hoher spitzer Mütze und einem Sternenmantel: so läßt man den Detektiv auf die Menge wirken, und er selber spielt wohl als Runenwisser sich auf. Das Magische wird hier zum Scherz entwertet, zur Lehre des Vorhofes, die dem äußeren Kreis genügen mag, während der innere durch den zerrissenen Zauberschleier in die Mysterien der ratio dringt. Die Umkehrung ist vollkommen: das öffentliche Geheimnis des aus den Bindungen befreiten Intellekts nimmt die Würde des esoterischen an, da der Intellekt als Weltprinzip das Geheimnis in Form der Magie mitvertritt, das von seinen Verwaltern die Weihen verlangt; magische Gewalt selbst aber, durch jenen Intellekt um ihren Sinn gebracht, sinkt zum faulen Zauber herab, zu einem Popanz, der vor der Schwelle der Lächerlichkeit preisgegeben wird. Eine Usurpation, die den falschen Herrscher entrechtet, ohne den richtigen an seine Stelle zu setzen, denn Magie ist die Vorwegnahme des Göttlichen, die zum Blendwerk entartet, wenn sie der Frage entwächst, und die ratio, die ihre Anmaßung zerstört, ist nicht der über das Gestaltete hinausweisende Geist, der in den allegorischen Schriftdeutungen lebt, ja nicht einmal die Göttin der Vernunft, die ihre Abstammung zwar verleugnet, doch unfreiwillig verrät – sie ist zuletzt das leerschwingende Denken schlechthin, das seine profane Leere nur meint. Indem es Magie befehdet, entfacht dieses Denken zugleich einen Familienzwist; beide, Intellekt und Magie, setzen die aus der Spannung gelöste Erkenntnis voraus, nur daß Magie die gute Unendlichkeit des Erkennens zur schlechten Endlichkeit wandelt, während der Intellekt aus der Haft der guten Endlichkeit in die schlechte Unendlichkeit strebt. – Seine Personifikation wird darum schließlich zur Deckfigur des Abenteurers, der die fließende Zeit durchmißt, ohne auf das Letzte sich je zu beziehen. Wie er den Augenblick sucht, der ungesucht nur sich finden läßt, so begeht der Detektiv die Abenteuer der ratio um ihrer selber willen und wird nicht am Ende gefunden. Die Unersättlichkeit des Abenteurers, dessen stete Hoffnung und stete Enttäuschung bleiben ihm fern; er schweift ja nicht in die unendliche Öde, um zu erlangen, was ihm verloren ist; vielmehr die »Fälle« stoßen ihm zu oder werden ihm zugewiesen, und über ihre unendliche Reihe hinaus begehrt er nichts anderes mehr. Hintreibend von Aufgabe zu Aufgabe, stellt er lediglich den progressus ad indefinitum der ratio dar, der zu einer Lösung der Aufgaben erst im verzerrt Unendlichen führt, ist der Träger eines objektiven Prozesses, der von der Psyche nur Anspannung fordert, wenn sie ihn auf sich nimmt, und sie in Erschlaffung zurücksinken läßt, wenn zwischen den Fällen eine Pause sich ergibt. Diese Erschlaffung, zu der die Enttäuschung sich verflüchtigt, ist das einzige Lebenszeichen der Seele, und es beweist nur, daß sie nicht als existent angesetzt wird; denn befindet sich die Figur im Zustand der Aktualität, so existiert erst recht die Seele nicht. So ganz scheidet sie aus, daß sie nicht einmal das Recht erhält, eben ihres Erschlafftseins wegen den Abbruch des Abenteuers zu verlangen, sie fühlt sich vielmehr als Erschlaffte nur dann, wenn eine Handlung der ratio von sich aus zu Ende geht. Im Gegensatz zur Passivität des Detektivs erwartet der Abenteurer nicht die Begebenheit, er führt sie herbei und verspricht sich von einer jeden Erfüllung, statt unbeteiligt sie zu erleben. Er kann nicht halten, weil er keinen Halt hat; aber gleitet er von einem Erlebnis zum andern, so geschieht es wider Willen oder aus einem Trotz, der das Erlebnis als solches unendlich will, weil das Leben ausgeschöpft werden soll, wenn es aus seiner Unendlichkeit Rettung nicht gibt. Es ist seine aufgegebene Subjektivität, die ihn voranstößt durch die Zeit, während der Detektiv ohne Abschluß weitergezogen wird, um dem objektiven Geheiß der ratio zu genügen, die in der Zeit umsonst sich zu erfüllen begehrt.

Mit jenen Gestalten, die das vom Gesetz umfangene Dasein auf das übergesetzliche Geheimnis beziehen, teilt der Detektiv das Schicksal, außerhalb des gemeinsamen Lebens zu stehen. Verknüpft er auch nicht mit dem Absoluten, so personifiziert er es doch, und diese Identität mit dem die Sphäre konstituierenden Prinzip entreißt ihn der Verflochtenheit in das Getriebe, das dem Prinzip sich unterwirft. Der Roman weist seine Isoliertheit ästhetisch dadurch auf, daß er zur Ehelosigkeit ihn verdammt. Dem katholischen Priester gleich lebt er im Ausnahmezustand des Zölibats, allenfalls von einer Haushälterin betreut, die aber bei seinem Mangel an sexuellen Bedürfnissen nur für die Wäsche, die opulenten Mahlzeiten und die Koffer sich bemühen muß – vorausgesetzt, daß sie überhaupt vorhanden sei und nicht ein Diener die Abwesenheit jeglicher Verbindung mit den Menschen eindringlicher noch bezeuge. Denn sein Junggesellentum ist nicht erwachsen aus dem Verzicht um eines Höheren willen, es ist ein Junggesellentum a priori, das die Situation der ratio darstellt, die nach ihrer Selbsternennung zum Kriterium von einem Sichfügen nichts weiß. Unmenschlich, ohne göttlich zu sein, Herrscherin in jenem Reich, das Lask das »Unsinnliche« nennt, ist sie die schlechthin Begierdelose und Nichtbezogene, die sich weder herabneigt wie die göttliche Person noch sich hinspannt zu ihr, sondern sich als Prozeß nur erfüllt, der in die Fülle nicht dringt. Der Detektiv wird daher als ein Neutrum begriffen, das sowenig erotisch ist wie unerotisch, als ein unaffizierbares »Es«, dessen Sächlichkeit sich aus der Sachlichkeit eines Intellekts erklärt, der durch nichts beeinflußbar ist, weil er gründet im Nichts. Damit seine Personifikation ästhetisch faßbar werde, verleiht ihr zumal der angelsächsische Typus des Detektiv-Romans puritanische Züge, macht sie zum Musterbild innerweltlicher Askese, deren Übung die Welt in der Welt vergleichgültigt und ganz in die Sache entrückt. Doch die Abgelöstheit des Detektivs entstammt nicht der Prädestinations-Gläubigkeit jener asketischen Gestalt, die nur eingesetzt wird, weil sie in den Zwischenschichten die Erscheinung verstehen läßt, mit der sie Mimikry treibt, und derart ihre Phänomenologie, die gleich allein theoretisch durch den Rückgang auf die emanzipierte ratio zu gewinnen wäre – für das ästhetische Gebilde ein unmögliches Beginnen –, praktisch-empirisch begründet. Aus eben diesem Bemühen heraus wird die Haltung des Detektivs oft in einer Weise gedeutet, die seine Rationalität psychologisch unterbaut und seine Unwirklichkeit so in eine Wirklichkeit transzendiert, die selber nicht die eigentliche ist. In dem Roman von Leo Perutz »Der Meister des Jüngsten Tages« (Albert Langen, München), der von vornherein psychologisch sich gibt, tritt als Amateurdetektiv ein Ingenieur Solgrub auf, dessen Aussonderung aus dem menschlichen Verband auf ein inwendiges Erfrorensein zurückgeführt wird, das seinen Grund in einer furchtbaren, nicht mehr zu tilgenden Kriegserinnerung hat. Rouletabille, die Detektiv-Figur des Gaston Leroux, wird in die Isoliertheit seines Berufs getrieben, weil er seine Mutter nicht kennt, und der scharfsinnige Tabaret in Gaboriaus sorgfältig durchgefeiltem Roman »Das Alibi« erwidert auf die Frage des Untersuchungsrichters, warum er freiwillig Geheimpolizist geworden sei: »Ja, das ist schwer zu sagen. Es ist wohl Kummer, Einsamkeit, vielleicht Langeweile. Ich bin nicht immer glücklich gewesen. Jetzt bin ich ja ziemlich wohlhabend, aber bis zu meinem 45. Lebensjahr kannte ich nur Entbehrungen, mußte ich mir alles versagen...« Überall das gleiche Bestreben einer Rechtfertigung des unerklärlichen Phänomens. Da der existentielle Zug, der die ästhetische Schöpfung gebiert, in jene oberen Sphären nicht dringen kann, in denen allein die Gestalten auffindbar sind, als deren Überdeckung der Detektiv zu begreifen wäre – nur der erwähnte Roman

Chestertons erkennt in ihm den Priester wieder –, werden die bestehenden Züge der Figur immanent-psychologisch interpretiert und so zu Äußerungsweisen einer Menschlichkeit erhoben, die freilich auch bereits die echte verzeichnet. Bei dem Versuch, das Gemeinte unmittelbar anzusprechen, transzendiert man die Phänomene aus der »temps espace« in die »temps durée«, die apriorische Isoliertheit des Detektivs wird zur Folge eines Geschehens in der Erlebniszeit, das ihn bricht, seine Unberührtheit ist Einsamkeit, sein logisches Verfahren gründet in dem Verdacht. Der Pseudo-Logos findet sich selber wieder eingebettet in die Bedingtheit des psychologischen Abbruchs, nur sind die seelischen Vorgänge genausowenig ein Letztes wie die ratio, sondern bestimmt allein durch den Eingang in die Beziehung, aus der sie Grenze und Ordnung empfangen. Der Irrationalismus, der sie zum Fundament macht, bindet zwar die ratio in Gesamtzusammenhänge ein, verzerrt aber diese selber, weil er die Eindimensionalität des Rationalismus noch teilt. Das rational Logische, das gewiß nicht autonom ist, verwandelt sich hier in ein Derivat des Seelischen oder, wie Simmel sagt, in eine temporäre Erscheinung des zu ihm sich wendenden und von ihm dann beherrschten Lebens – es entwächst einem Grunde jedenfalls, der nicht trägt; seine so geartete Ableitung ist legitim lediglich insofern, als sie es überhaupt zu begründen sucht und seine Unabhängigkeit damit tilgt. Mit der Figur des Detektivs ist aber nicht das psychologisch gebrochene Dasein gemeint, ein Leben, das durch ein ihm immanentes Ereignis zur Absage an seine Ursprungsrichtung gezwungen wird und nun aus Selbstverneinung im Dienste der ratio erfriert – sie überdeckt vielmehr die Gestalt des auf das Geheimnis Beziehenden, der sich aus dem Leben des erfüllten Raumes herausbegibt, weil er es zu verknüpfen hat. Die Transzendierung ins Psychologische bleibt auf halbem Wege stehen, sie haucht der Figur die Seele ein, ohne die Seele hinauszuspannen über sich selbst.

Seiner Verwaisung ungeachtet, wird dem Detektiv der nahe Umgang mit Gefährten zugebilligt. Sherlock Holmes hat den ihm ergebenen, wenn auch nicht ebenbürtigen Arzt Dr. Watson zur Seite, und nach seinem Muster gesellen andere Detektive von Rang sich gleichfalls Vertraute zu. Diese stereotypen Begleitfiguren spielen jedoch niemals die Rolle des Freundes, der den Meister einbezöge in das Getriebe. Ihr Vorbild Watson, typisch in manchem Betracht, rechtfertigt sein Auftreten zunächst dadurch, daß man seiner als eines Mitwissers bedarf, um von Deduktionen zu erfahren, deren Endergebnis sonst nur publik zu werden vermöchte. Ließe sich auf seine Einführung zu biographischen Zwecken wohl auch verzichten, so wird mit ihr doch kunstvoll dargetan, daß der Detektiv selber autobiographischer Mitteilung so unfähig ist wie der Held, dessen Taten der Dichter bewahrt. Beide allerdings aus verschiedenen Gründen; denn schweigt der Held, weil er mit dem Schicksal redet, so redet der Detektiv nicht, weil ein jedes Schicksal ihm schweigt. Statt aus dem unbedingten Einsatz der Existenz erklärt sich seine Stummheit aus der Existenzlosigkeit des rationalen Einsatzes, die ihm zu sagen nichts gönnt, und während in dem einen Falle das Ich sich tragisch verzehrt, hat in dem andern das verzehrte Ich kein Du mehr sich gegenüber. Darum ist der Eingeweihte ihm beigegeben, der die Ruhmrede führt und die Auflösung der Fälle dem Dunkel entlockt, in das ihre Unpersönlichkeit sie hüllt. Die Art seiner Konstruktion bestimmt überdies genauer den Standort des Detektivs. Der Beruf des Arztes nämlich, der ihm seit Watsons glorreicher Geburt öfters verliehen wird, ist dem des Detektivs ähnlich genug, um zu ihm hinzuleiten, und zugleich so unterschieden von ihm, daß er vor Verwechslungen schützt. Auch der Arzt, der die Diagnose stellt, entwirrt aus Indizien das ihm aufgegebene Geheimnis mit den Mitteln des Intellekts, dem die scheinbar irrationale Intuition nur die Wege bereitet, und so wird seine Tätigkeit mit jener anderen vergleichbar, die aus dem kriminellen Befund den Verbrecher erschließt. Gerade der Übereinstimmung der Schlußmethoden wegen tritt aber der Sinn, in dem der Detektiv sie anwendet, nur um so schärfer hervor. Denn nicht wie der Arzt folgt er in der Absicht des Heilens, sondern die Krankheit am Gesellschaftsleib ist ihm nur ein Anlaß zur Deduktion. Dort geschieht die Ermittlung zu praktischem Ende und mündet darum in das Ergebnis ein, hier geschieht sie in ihrem eigenen Interesse und läßt darum das Ergebnis aus sich entfließen. Diese Selbstgenügsamkeit des rationalen Prozesses wird durch die Unterlegenheit des Arztes bewiesen, dessen Denken der Intention nach gesamtmenschlich bedingt ist; daß der Prozeß, der Rettung bringen mag, ohne doch retten zu wollen, so nahe gerückt ist an den äußerlich gleichgerichteten der ärztlichen Heilung, offenbart seine Verschlossenheit ganz. Derselbe Effekt wird erzielt, wenn der Rechtsanwalt Adjutantendienste leistet, da auch seinem Forscherdrang, der sich nicht selten in den Jagdgründen des Detektivs ergeht, die Grenze gezogen ist. Wird das Logische, das im Detektiv bedingungslos sich entfaltet, bei ihm und dem Arzte zum Mittel, so bringt es der Chemiker voll zum Austrag, nur daß er im Gegensatz zu jenen Begleitfiguren nicht wie der Detektiv zwischen menschlichen Marionetten waltet. Seine Siege feiert er in der Welt der Atome, deren schlechte Unendlichkeit die beziehungslos gewordene ratio sich eröffnet. Hier, wo sie die reinen Quantitäten verfolgt, die ihr zuletzt freilich entrinnen müssen – ließen sie sich ergreifen, die negative Ewigkeit wäre angebrochen –, wirkt sie als Schöpfergott zwischen Planetensystemen von Protonen und Elektronen, die sie auf der Suche nach der nicht zu erlangenden abschlußhaften Weltformel in Umlauf setzt oder zertrümmert. Ihr Verfahren, dessen Legitimität darauf beruht, daß es zu seinem Objekt die aus der Existenz gehobene Materie hat, die in das Nichts sich verflüchtigt, entspricht aber genau dem des Detektivs, der in dem Atomkomplex der Gesellschaft waltet. Die Figuren des Hofstaats, der um den heimlichen König sich schart, haben mithin eine verschiedene aufzeigende Bedeutung: sie stellen die Beschaffenheit des durch den Detektiv personifizierten Prinzips heraus, indem sie es unvollkommen verkörpern, und spiegeln den ungeschöpflichen Bereich wider, in den dieses sich autonom setzende Prinzip die Menschen versenkt.

Polizei

Die Hauptfigur des Detektiv-Romans agiert mit und gegen, über und zwischen Polizei und Verbrecher, die in der Totalität des ästhetischen Gebildes zu entscheidenden Mächten der durchrationalisierten Gesellschaft werden und dank ihrer Stilisierung sich auf Entsprechungen in der Gemeinschaft hohen Sphärenorts beziehen lassen. An die Erschließung des mit ihnen Gemeinten ist die Interpretation des schwankenden Verhältnisses geknüpft, in das der Detektiv zu ihnen tritt – eines Verhältnisses, das im Roman zum Ausgangspunkt von Transzendierungen wird, die zuletzt unverhüllt das Eigentliche meinen.

Das Allgemeine Preußische Landrecht bestimmt: »Die nötigen Anstalten zur Erhaltung der öffentlichen Ruhe, Sicherheit und Ordnung und zur Abwendung der dem Publiko oder einzelnen Mitgliedern desselben bevorstehenden Gefahr zu treffen, ist das Amt der Polizei.« Rein als legale Institution stellt sie auch der Detektiv-Roman dar, und zwar bekunden die in ihm ihr zugeteilten Vollmachten eine Abhängigkeit, die von keiner überlegenen Macht abhängig ist. Die Schutzmannschaft hat ihre umgrenzten Funktionen, die Kriminalbeamten von Scotland Yard arbeiten im Einvernehmen mit der Staatsanwaltschaft, und handle es sich nun um Feststellung des Tatbestands, um Fahndung oder Ergreifung des Mörders: stets richtet sich die Tätigkeit und ihre Abfolge nach einem objektiven und allgemeingültigen Reglement, das den Detektiv selbst verpflichtet (oder doch verpflichten sollte), wo immer er mit den behördlichen Organen zusammenwirkt. Diese der Polizei auferlegten Bindungen drücken eine Dienstbarkeit aus, die ihr Tun von dem des Detektivs auch dann unterscheidet, wenn er das gleiche erstrebt. Während sie bei der Verfolgung des Verbrechers unter Ausnutzung der legalen Mittel von vornherein im Rahmen der gewährten Möglichkeiten rational verfährt, repräsentiert jener die ratio bedingungslos, die sich in die legalen Methoden allenfalls schicken mag. In dem einen Falle das Apriori des Gesellschaftsinteresses, das den Intellekt anschirrt, ohne sich ihm durchaus zu überlassen, in dem andern das freie Walten des Intellekts selber, dessen Eigenmacht sich gewiß nicht ohne weiteres den Gesellschaftszwecken untertan weiß. Daß die Polizei, statt seine Selbstherrlichkeit darzustellen, Normen sich fügt, die nicht ihm unmittelbar, sondern primär den Erfordernissen eines ungestörten legalen Betriebes entfließen, beweist sowohl die autoritative Gewalt, die ihr von der durch die Normen geschützten Gesellschaft zugestanden wird, wie die Organisation, zu der sie sich in der Gesellschaft entwickeln darf – eine Organisation, die sie niemals aufrechterhalten könnte, wenn sie nicht rein legale Obliegenheiten übernähme. Aus den gesellschaftlichen Notwendigkeiten selber erwachsend, wird sie zur Behörde, auf deren Apparat von den nächtlichen Streifen an bis zum Bertillonschen Maßsystem auch der Detektiv angewiesen ist, der als Vertreter der durch das Legale ungebrochenen ratio jenen Apparat von sich aus nicht erzeugen kann, den allein die Gesellschaft gewährt. Erklärte er sich mit der Institution identisch, er verlöre die Autonomie; er muß sich darum mit der gegebenen verbünden, wenn seine Ziele und die gesellschaftlichen zur Deckung gelangen. Sogar als Petent mag er ihr nahen, da die Projekte der ratio unter Umständen der Polypenarme bedürfen.

Erscheint die Polizei im Detektiv-Roman auch als dienstbar, so bleibt der Name des Dienstherrn doch ins Dunkel gehüllt, und sie erfüllt Aufträge, die niemand ihr zugeteilt hat – es sei denn eine Gesellschaft, die nur die Legalität an sich verkörpert, also nicht einmal die totale Gesellschaft ist. Um in die Paradoxie einbezogen zu sein, müßten aber die polizeilichen Befugnisse sich aus einer

Quelle herleiten, die sie der Fraglosigkeit entrückte. Wenn sie im Staatsrecht etwa gründen, unterliegen sie einer Bedingung, die von einer die Totalität der Gesellschaft umgreifenden Macht angesetzt ist und ihrerseits wiederum durch die Gnade eingegrenzt sein mag. Statt ihre Autonomie zu behaupten, gehen sie dann aus einem Recht hervor, das gegen die eigene Aufhebung sich nicht sperren kann; und so wäre das Reglement der Behörde, die ausschließlich den einen, dem wie immer depravierten Gesetz unterstandenen Teil der Gesellschaft wider den andern schützt, zurückgeführt auf das Geheimnis oberhalb des Gesetzes, vor dem die beiden Teile paradox zusammengehören und das Recht seine absolute Gültigkeit verliert. Durch diesen mittelbaren Bezug auf das Übergesetzliche erst wird aber die Gesetzesexekutive legitimiert, die, ohne die Möglichkeit ihrer Umfassung von oben her anzuerkennen, blindwütig kehrt wie die Besen, wenn der alte Hexenmeister abwesend ist. Gilt das Legale, so nur als moralisches Faktum, das aus der ethischen Entscheidung entlassen wird, die ihrer Suspension gewärtig sein muß; und als Vertretung des Legalen bedarf die Polizei zu ihrer Rechtfertigung der Haft im Recht, das selber nicht fertig ist. Daß sie im Detektiv-Roman zur Institution wird, die nichts über sich hat, ist das Zeichen für die hier ästhetisch aufgewiesene Einebnung der Paradoxie durch die abgelöste ratio. Diese vernichtet, wenn sie Weltprinzip ist, alle Mächte, die in der Spannung bestehen und – nicht bestehen, die überhaupt menschliche Existentialität zur Voraussetzung haben: das Recht und seine Durchbrechung, Gesetzliches und Widergesetzliches, und wie die Kräftepaare nun heißen, die sich gegenseitig ausschließen und doch miteinander sind. Damit vergehen aber auch jene Gebilde wie die Kirche oder bis zu einem gewissen Grad der Staat, die das soziale Ganze an das Obere anschließen und als Zusammenfassungen, die in der Beziehung auf das Geheimnis hin geschehen, den

Eintritt der Paradoxien in das durch sie begründete soziale Leben gestatten. Zurück bleibt die ungespannte atomisierte Gesellschaft, in der die paradoxe Situation des menschlichen Zwischenwesens sich lediglich als Befund darstellt, der nicht gelebt und nicht erfahren wird. Die Legalität als solche, die doch eigentlich Folge, nicht Abschluß ist, verabsolutiert sich in ihr, der umfassende Begriff der Gesellschaft wird auf die legal sich Verhaltenden eingeschränkt – eine Verengung, die andeutet, daß jede antinomische Verbindung mit den ausgestoßenen illegalen Handlungen abgerissen ist. Und schrumpft der Begriff nicht, dann dehnt er sich so weit, daß das Widerspiel des Rechtmäßigen den ihm eigenen Sinn verliert und durch seine bruchlose Einbeziehung in die Totalität verkannt oder übersprungen wird. Das Legale, das der sinnleere Restbestand des in der Spannung geltenden Gesetzes ist, steigert sich jedenfalls immer zur obersten Kategorie empor und verliert derart seltsam die Fühlung mit der ratio, die es erhöht. Während das Gesetz, das sich aus der Verknüpfung mit dem oberen Geheimnis herleitet, seine Abhängigkeit von diesem niemals verleugnet, tut sich zwischen der ratio, insoweit sie sich an die Stelle des Geheimnisses setzt, und dem von ihr verselbständigten Legalitätsprinzip der Abgrund auf. Denn die ratio bewirkt eben dies, daß das Legale aus der Beziehung entsinkt, die es problematisch macht, und mag es auch rein durchrationalisiert sein, so muß es sich doch am Ende gegen die ratio verschließen, wenn diese es zu bedingen sucht. Indem es sich aber unabhängig behauptet von ihr, der es sein Ansehen verdankt, wiederholt es nur das Werk der ratio selber, die ihm mit schlechtem Beispiel vorangegangen ist. So enthüllt sich unfreiwillig der durch ihre Emanzipation gezeigte Widersinn: ihr Wahn, die Bedingung verdrängen zu können, die sie in Kraft erhält, wird dadurch ad absurdum geführt, daß nun das Legale, dem sie zu gebieten meint, sich taub gegen ihr Geheiß verhält.

Diese Rache übt es auch im Detektiv-Roman, in dem die Polizei, die es personifiziert, sich absondert von dem Vertreter der ratio und jegliche Einordnung ihrer Legalität verwehrt. Sie ist hier der Form nach die Beauftragte der Gesellschaft im engeren Wortsinn; da aber die Gesellschaft nicht in ein höheres Gebilde eingeht, das ihre Verkapselung aufbräche, sondern als amorphes internationales Gemenge gekennzeichnet wird, das nichts weiter als legal ist und rein sich selbst genügt, ohne zu wissen, wem es genüge, handelt die Polizei auf Weisungen hin, die das Legalitätsprinzip ihr nicht gibt noch geben kann – es müßte denn ablassen von seinem Autonomieanspruch und selber gewiesen sein, was der Voraussetzung widerspricht. Sie gleicht dem Stiefel in Morgensterns Gingganz, von dem es heißt:

»Urplötzlich auf dem Felde drauß

Begehrt der Stiefel: Zieh mich aus!

Der Knecht drauf: Es ist nicht an dem

Doch sag mir, lieber Herre, –: wem?«

Als einzige Exekutive der nach oben hin sich absperrenden Gesellschaft trifft die Polizei keine wirklichen Entscheidungen; sie handelt vielmehr willkürhaft, weil ihr Wille nicht erkoren ist. Die Selbständigkeit, die sie auch dann genießt, wenn sie als Staatsorgan waltet, begründet Hue de Grais (»Handbuch der Verfassung und Verwaltung in Preußen und dem Deutschen Reiche«, Berlin 1907, 18. Auflage, § 220, S. 324) damit, daß ihr Eingreifen unmittelbar und schleunig erfolgen müsse; ihre Wirksamkeit sei ferner nicht zuletzt gegen mögliche oder doch nur wahrscheinliche Ereignisse und Handlungen gerichtet und habe dabei alle besonderen Verhältnisse des Lebens zu berücksichtigen, die sich in ihrer wechselnden Mannigfaltigkeit nicht im voraus bestimmen lassen. – Solche Freiheit ist ihr gewiß Erfordernis; denn errechnet werden kann nur das zur reinen Quantität reduzierte Geschehen, während das Reglement auch ein wie immer entspanntes

Leben nicht zu umgreifen vermag. Doch bedarf diese Selbständigkeit zu ihrer Legitimierung einer Vollmacht, die das polizeiliche Vorgehen auch dort, wo es Anspruch auf eigene Initiative erhebt, sanktioniert und zugleich begrenzt. Da das legale Verfahren von sich aus die Paradoxie nicht mit einsetzt, wird seine Freiheit nur dann nicht zu einem ungebundenen Verfügen, wenn es sich aus Entscheidungen herleitet, die das Wirkliche seiner Paradoxie nach ermessen. Ist es im Staatsrecht verankert, so hat es immerhin einen Garanten, der solcher Entscheidungen fähig sein kann oder doch jedenfalls nicht abtrennt von ihnen – sofern der Staat ein Gebilde darstellt, das die soziale Totalität auf das obere Geheimnis bezieht. Allein aus der Verknüpftheit mit ihm erwachsen Entschlüsse, die, wie sie selber wirklich sind, sich zur Wirklichkeit verhalten; in die Verknüpftheit müssen darum auch die Freiheiten der Polizei einzubeziehen sein, sollen sie mehr bedeuten als das zügellose Umherirren der bloßen Legalität. Zu Akten blinder Willkür entarten sie im Detektiv-Roman, der das Recht verleugnet, das ihnen die Befugnis zu erteilen hätte. Statt aus Entscheidungen hervorzugehen, die das Gesetz mitbedenken, ohne nur in ihm zu stehen, sind sie Gesetzlosigkeiten, denen die Wirklichkeit keine Schranke ist; statt daß durch sie jeweils die notwendige Unzulänglichkeit der gesetzlichen Fixierungen aufgehoben werde, die eine stete Kontrolle benötigen, wirkt in ihnen unkontrolliert das abgelöste Legale fort, das wegen seiner der Paradoxie entronnenen Einseitigkeit sich zu fixieren hätte. Indem es sich selber frei weiter konstruiert, gewinnt es nicht wie der in der Beziehung gefaßte Entschluß die eigentliche Bindung, sondern verliert gerade umgekehrt jede Fühlung mit der Wirklichkeit, der es desto enger verbunden bliebe, je weniger die es vertretende Institution nach eigenem Gutdünken verführe. Ihr Ausbruch aus dem Gehege der genauen Determinationen dient nicht dazu, das Reglement außer Kraft zu setzen, um den von Fall zu Fall veränderten Lebensbedingungen zu genügen, es bestätigt nur dessen Autonomie und treibt es, sich scheinbar frei von ihm machend, über seine Grenze fort immer tiefer in das Geflecht der zwischenmenschlichen Beziehungen hinein – eine Entfesselung des Legalen, die durch die Ausschreitungen der agents provocateurs etwa ähnliche Wirkungen erzielt, wie die plumpe Zerstörungswut des Raubtiers, das seinen Käfig sprengt und nach Hue de Grais (a.a.O., S. 324) stets erneut zur Schaffung von Rechtssicherheiten gegen ihre Eigenmächtigkeit drängt. Das ungehemmte Wuchern des Legalitätsprinzips ist der Expansion des philosophischen Systems analog, das sich gradlinig zur Totalität zu erweitern strebt. Das Denken kann die Wirklichkeit nur erfassen, wenn es die Bedingtheit anerkennt, die mit dem Existieren selber gegeben ist. Es darf also, sein Ziel zu erreichen, nicht eine Autonomie beanspruchen, die es der Zwischenstellung enthöbe, sondern muß die Dinge in der Beziehung erfahren, die den Gesamtmenschen ergreift. Der Fortschritt in der Erkenntnis ist kein bloßer Erkenntnisfortschritt, den das sich unbedingt setzende Subjekt von sich aus vollziehen könnte, er ist vielmehr an die Entfaltung des Verhältnisses gebunden, das der ausgerichtete Mensch zur Wirklichkeit hat – mithin weder ein Fortschritt der Erkenntnis nur, noch ein Fortschritt zur Erkenntnis der Totalität, die allein dem auf sie Bezogenen durch sein existentielles Verhalten zu ihr – nicht aber je durch ihr Denken – zugänglich sein mag. Erst wenn das sich abhängig wissende Selbst zum Transzendental-Subjekt sich reduziert, kann dieses wähnen, daß es kraft seiner Absolutheit die Welt begreife, kann der Gedanke des die Totalität umfassenden Systems entstehen. Wie das Legale, so behauptet sich das System außerhalb der Beziehung, und seine Konstruktionen, die das Totale einzufangen meinen, gehen gleich den legalen Willkürhandlungen von Anfangssetzungen oder auch Erfahrungen aus, ohne sich mit der Wirklichkeit weiter einzulassen. Geschähe es, das Ganze ergäbe sich nur in der Spannung zu ihm hin, und die Folge des Erkannten wäre als Erkenntnisfolge diskontinuierlich, da sie Kontinuität lediglich als Zusammenhang gesamtmenschlicher Erfahrungen besäße. Die Summe mag sich auf die Welt erstrecken, doch ihre Elemente sind diskret gegeneinander abgesetzt, und was sie verbindet, ist nicht die Methode ihrer Erzeugung, sondern ihr Einverwobensein in die eine Spannung. Das System dagegen, die Verzerrung der geordneten Erfahrungssumme, meint von dem Anfang her das Ende bestimmen zu können, und so entwickelt es sich wie das von dem Gesetz abgefallene Legale aus seinem konstitutiven Prinzip zur Totalität, zu Ergebnissen vorstoßend, die sich von der Wirklichkeit um so mehr entfernen, je eindeutiger sie zurückweisen auf jenes Prinzip. In der bereits angeführten Novelle Poes »Der Brief ihrer Majestät« bemerkt Dupin einmal souverän: ». . .wenn der (Polizei-)Präfekt mit seinen Gehilfen so häufig irrt, so liegt die Schuld zunächst an einer Unfähigkeit, in einen fremden Gedankengang einzudringen, und in zweiter Linie in dem Umstand, daß er die Eigenart des gegnerischen Geistes gar nicht oder nur ungenügend in Betracht zieht. . . Darum versagt die Methode der Polizei regelmäßig, wenn sie einem Menschen gegenübersteht, der andere Kniffe anwendet, der verschlagener ist als sie; ja, häufig auch dann, wenn sie ihm geistig überlegen ist. Bei ihren Nachforschungen bleibt das System immer dasselbe; wenn ein besonderer Fall oder eine außergewöhnliche Belohnung sie zu höchstem Eifer anspornt, wissen sie nichts Besseres zu tun, als nacheinander ihre gewohnten Kniffe allesamt anzuwenden; an ihrem System selbst aber ändern sie nichts.« Die erreichte Totalität des (philosophischen oder legalen) Systems ist nur dessen totale Ausbreitung, die auf Kosten des Zuwachses an Wirklichkeitserfahrungen erfolgt; das Ganze, das sie darstellt, verdeckt das Ganze der

Wirklichkeit, das sich der Erkenntnis gar nicht abschlußhaft darbieten kann, wenn Erfahrung in ihm geschöpft werden soll.

Da die Polizei im Detektiv-Roman als Verfechterin des Legalen eine Stellung einnimmt, die aus keiner höheren Rechtsquelle ihre Berechtigung ableitet, deuten die Bestimmungen ihrer Obliegenheiten nicht über sich hinaus. Ihre Anstalten gelten dem »Publiko oder einzelnen Mitgliedern desselben«, und gewiß, es gibt nur das Publikum noch oder einzelne Mitglieder desselben, wenn das Legale sich losgelöst hat. Vereint die Gemeinde die zu dem Geheimnis sich Verhaltenden, so ist das Publikum ein Nebeneinander unbezogener Figuren, das aufhört, Publikum zu sein, sobald eine Gemeinsamkeit, und sei sie noch so äußerlich, seine Elemente zusammenbindet. Die Menge, aus der es besteht, befindet sich im Zustand der Indifferenz, sie ist nicht legal, geschweige denn illegal, sie nähert sich dem Nichts an, in das die ratio die Bedeutungen verweisen möchte. Die Inanspruchnahme der Polizei durch diese noch gar nicht ausdrücklich legale Menge zeigt an, daß bereits die Abwesenheit des Illegalen als legal erachtet wird. Da es in der niederen Region, insoweit sie von der ratio beherrscht ist, keinen anderen Neutralitätszustand gibt als den an die Null grenzenden (oder den hypostasierten der progressiv zu erreichenden Unendlichkeit, die aber ebenfalls in die Null mündet), entspricht er seiner Sphärenposition nach dem Zustand an der oberen Grenze des Gesetzes, in dem das aufgehobene Gesetz so bewahrt wird wie das Legale, das im Publikum verschwindet. Dessen Öffentlichkeit in Straßen, Hotels und Sälen ist keinem Geheimnis vorgelagert, ist nicht die Außenseite des verborgenen Innern; vielmehr, wenn die ratio das Innere vertreibt, tritt das Öffentliche als das Kalkulable, Abstrakte, allgemein Greifbare an die Stelle personhafter Beziehung zu dem Geheimnis, die eine Gemeinsamkeit herstellt, deren Kennzeichen gewiß nicht die

Öffentlichkeit der Gemeinde ist. Der von einigen Dichtern und Architekten der Gegenwart ersonnene Plan von Glashäusern, in denen sich das Leben abspielen solle, entspringt durchaus dem Trachten, das publike Wesen zu durchglühen. Das Private verlöre sich dann aber nicht an gesteigerte Gemeinsamkeit, sondern ginge in dem Öffentlichen unter, das die Gemeinsamkeit nicht minder als die Einzelexistenz tilgte, die ihre Voraussetzung ist. Denn die Öffentlichkeit, die sich als Letztes weiß, kann nichts Einzelnes dulden, das ihr sich entzöge, und die Elemente, aus denen sie gebildet ist, sind nicht mehr als ihre Elemente, da sie rational unfaßlich sonst wären. – Die Polizei hat dafür zu sorgen, daß dieses publike Leben, das noch kein Etwas ist, in Ruhe, Sicherheit und Ordnung verläuft. Die dem Griff der ratio gefüge Indifferenz, aus der das Legale erwächst oder zu der es sich hinneigt, steht also unter der gleichen Hut wie das Dasein im erfüllten Raum, das sie vorzutäuschen sucht, und verzerrt noch dazu infolge ihrer Spannungslosigkeit jene andere Indifferenz am oberen Rande des Gesetzes zu der das hingespannte Leben sich dehnt. Wird das Gesetz in der Beziehung durchbrochen, so ist der ordo der Frage preisgegeben, die seinen Bestand legitimiert; doch die Neutralität des Publikums bedeutet keine Durchbrechung des Legalen, die den Inbegriff legaler Bestimmungen paradox außer Kraft setzte, sie ist als unentschiedenes Vorstadium des Legalen in die nichtssagende Legalität einbezogen, stellt mithin einen Zustand dar, mit dem die vom Gesetz überdachte Mitte genauso gemeint ist wie ihre Auflösung nach oben hin. Derart entspricht die Ruhe, die dem indifferenten Getriebe erhalten werden soll, der Ruhe innerhalb des Gesetzes und jenseits seiner Grenze. Während sie aber hier der Vorglanz des Friedens ist, dem alles Drängen, alles Ringen sich unruhevoll weiht, bezeichnet sie dort lediglich die Bewahrung des Illegalen in seiner Latenz; hier drückt sie die Bewegtheit in den sanktionierten Formen aus und die

Stille, in der auch die Formen vergehen, dort ist sie ein Negatives: das Ausgeschlossensein der den leer-legalen Fixierungen zuwiderlaufenden Bekundungen. So auch verhält es sich mit der Sicherheit, die dem Publiko von der Polizei gewährleistet wird. Statt auf die Gesetze sich zu erstrecken, die das Existierende umhegen und seiner Unsicherheit die Richtung weisen, verbürgt sie der Menge nicht mehr als die bloße Indifferenz, die Ziele nicht kennt und richtungslos genug ist, um als Zielerfülltheit sich zu gebärden. Die Ordnung von Gnaden der Polizei schließlich meint nicht das Miteinander der Menschen und Dinge, das ein Schimmer der Ordnung streift, weil es im Angesicht des überzeitlichen Geheimnisses steht, sondern gilt der geregelten Abwicklung des Verkehrs, die sich gar nicht zwischen den Menschen vollzieht. Diese Ordnung begreift die Rudimente des Existierenden in sich, sie ist statistisch, nicht sinnhaft und unterwirft das Geschiebe der »Zahlen und Figuren« tauben Spielregeln, die der Problematik entzogen sind. Das so Geordnete täuscht eine Stabilität vor, die der richtigen und darum fragwürdigen Ordnung unerreichbar ist. Aus der Spannung gesunken, zerstreut und verdichtet sich das Gemenge auf Grund der rationalen Setzungen, deren Zeitlosigkeit das Überzeitliche im Negativen spiegelt, und statt die zu ordnenden Gehalte vielsagend auf sich zu beziehen, das der Bedeutung ermangelnde Mannigfaltige eindeutig reguliert. Nach dem Vorbilde der Kantischen reinen Vernunft schreibt diese Ordnung der Welt die Gesetze vor, nur eben trifft sie weder die Welt, noch gibt sie Gesetze. Sie ist die Karikatur der wirklichen Ordnung, deren provisorischen Charakter sie zum definitiven überspitzen muß, da sie nicht in der Spannung immer wieder sich bildet; und so wandelt sie sich – gleich den Kategorien der Ruhe und Sicherheit – aus einer Entstellung des gesetzlichen Lebens zum Kehrbild des Übergesetzlichen, in dem das Leben gründet.

Die Polizei bekämpft im Detektiv-Roman das Illegale nicht um des Kampfes willen, sondern kraft der Vollmacht, die ihr das Legalitätsprinzip verleiht. Ihre Tätigkeit hat ein Ziel, aber das Ziel ist Schein, denn das von den Wurzeln losgesprengte Legale enträt des eigenen Sinns. Während im Detektiv die bedingte ratio sich auswirkt, die den Prozeß zum Selbstzweck erhebt, müht die Polizei sich um ein Ergebnis, das durch die Herrschaft der ratio um seine Bedeutung gebracht ist. Das von ihr vertretene Legale ist die entleerte und zur Eindeutigkeit herabgesetzte Formalisierung der positiven Bestimmungen, die den erfüllten Raum – und nicht ihn allein – betreffen. Bliebe die Verbindung mit ihnen aufrechterhalten, das Legale fügte sich ein und die polizeilichen Aktionen erfolgten nach einer Richtschnur, die sie beschränkte. Sagen jedoch diese Aktionen ihrem sinnhaften Ursprung ab, so gelten sie lediglich der Form nach einem Was, die durch sie gemeinte Sache ist abgekappt und von ihnen nicht zu erlangen. Die gebietende ratio scheidet sie von dem Wirklichen, das für sie undurchdringbar wäre, und nun suchen sie die Forderungen der Wirklichkeit zu erfüllen, ohne mit ihr verquickt zu sein. Dieses Trachten der Polizei nach dem Ergebnis ist so ergebnislos wie die Bemühung des abschlußhaften Denksystems, das Wirkliche zu ergreifen. Gehorchte es rein dem Anspruch der es zeugenden ratio, die von dem Miteinander abgefallen ist, es könnte die vorgegebenen Dinge, Wesenheiten und Imperative nicht mit aufnehmen und umtreiben, sondern verliefe nur in sich selber als Prozeß ohne Welt. Doch sein Ausgestoßensein bereuend, drängt es immer von neuem dem verlassenen Seienden zu, auf die Wiedereinbeziehung der Weltgehalte gerichtet, die es mit seiner Selbstvollendung preisgegeben hat. Was in der Beziehung erfahrbar ist: die ethischen Weisungen, die geschichtlichen Gestaltungen, die Worte der Offenbarung gar – alles Wirkliche und in die Wirklichkeit Greifende feiert scheinbar eine erneute

Begegnung im System, das von sich aus die Wirklichkeit nicht in Mitleidenschaft zieht. Müßte doch das System, um auf die Fragen der Wirklichkeit Antwort erteilen zu können, dem Prinzip untreu werden, das es den Fragen entrückt oder sie schon beantwortet, ehe sie überhaupt vernommen sind. Das in das System einverwobene Was ist höchstens trotz des Systems in ihm enthalten und gewiß nicht so in ihm enthalten, daß es aus ihm sich entwickeln lasse. Bis zu welchem Grade es Aufnahme gefunden hat, zeigt sich zumal an den Bruchstellen des Gedankenzugs, die seine Selbstgenügsamkeit Lügen strafen. Jene Kant-Nachfolge, die von Fichte zum Neukantianismus führt, hat das Ding an sich auszumerzen gesucht, das ihr als Willkür erschien, damit aber nur sich selber in die Willkür des eindimensionalen Systems verstrickt. Denn das System entsteht durch die hochmütige Abtrennung des Denkens von der Wirklichkeit, die es nach seinem Entgleiten aus ihr genausowenig zurückgewinnen kann, wie die im Detektiv-Roman stilisierte Polizei zu dem »Warum« vorzustoßen vermag, das sie, ohne von ihr gesucht zu sein, doch abtreibt von dem bloßen Prozeß, der sie verschlänge, wäre sie nicht in Pflicht genommen von dem entschwundenen Ziel.

Verbrecher

Das Verbrechen begreift der Detektiv-Roman als Gefahr, die von der Polizei abzuwenden sei. Er bestätigt so, was die allgemeine Sphärentransformation der Befunde höherer Sphären in die der niederen Regionen bereits ergeben hat: daß das Widergesetzliche unter der Herrschaft der zu sich gekommenen ratio ein punkthaftes Faktum wird, das rein in der Immanenz den aus dem Legalitätsprinzip entfließenden Fakten beziehungslos entgegensteht. Es erscheint, solange der Detektiv-Roman nicht transzendiert wird, als Mord, als Einbruch oder als irgendeine andere isolierte Begebenheit, deren Bedeutung sich in ihrer anerkannten Illegalität erschöpft. Wie die Tat, so ist auch der Täter nichts anderes als die Negierung des Legalen: ein Störenfried der Gesellschaft in engerem Sinn, ohne einbegriffen zu sein in die Gesellschaft als Totalität. Das Gesetzliche verliert im Legalen sein dauernd problematisches Sein und das Widergesetzliche im Illegalen sein Recht, das ihm von Fall zu Fall nicht vorenthalten werden kann. Es bleiben Aktionen entgegengesetzten Vorzeichens, deren paradoxes Wechselverhältnis mit ihrem gemeinsamen Bezug auf das Übergesetzliche erlischt. Als Rudiment der wirklichen Dualität, die vom Sünder weiß und vom Gerechten, bewahrt das ästhetische Gebilde nur die Antithese dieser abgesplitterten Aktionen – eine Antithese, die im System in einen Prozeß verwickelt wird, der das Illegale entweder auflöst oder als Glied des Prozesses erhält.

Damit das Widergesetzliche zum Material der ratio sich punktualisiere, muß es aus der Beziehung ausgesondert werden, die es mit dem Übergesetzlichen verknüpft und zum Stachel des Gesetzlichen macht. Durch seine Verwandlung in Schein wird dieser Forderung ästhetisch genügt. Wie das Denken in den niederen Sphären die ihm ungreifbaren Gehalte nicht einfach tilgen kann, da das Seiende aller Orten wiederkehrt, sondern sie ihrer Substanz beraubt, indem es sie aus abgelösten Setzungen zu rekonstruieren sucht, so fängt die ästhetische Totalität alle Phänomene ein und entkräftet sie nur durch die Art ihrer Einordnung in die Komposition. Die Verstocktheit des Bösen, die Blindheit der elementarischen Kraft, die Dämonie der in den Zwischenreichen irrenden Passion, der heroische Frevel des Empörers: sämtliche Bestimmungen des Außergesetzlichen bleiben je nach ihrer Sphärenzugehörigkeit mehr oder minder verzerrt erhalten, doch statt sein Wesen zu bezeichnen, emanzipieren sie sich zu Bildungen, die lediglich Hülle der wesenlosen und darum rational faßbaren illegalen Begebenheiten sind. Die Bestandstücke, die das außergesetzliche Geschehen zum seienden stempeln, werden geschieden von ihm und als Verkleidung sinnfremden Handelns verwandt, dessen Nichtigkeit ihre sogeartete Einführung doppelt wirksam erweist. Während in Wirklichkeit die verbrecherische Tat einer Haltung entspringt, die sie begründet und ihr manchen Sinn verleiht, schenkt im Detektiv-Roman das illegale Tun der ihm angehefteten Motivierung erst einen Sinn. Denn diese ist hier nicht das Ursprüngliche, das zu verdammen oder zu rechtfertigen wäre, sondern das Derivat eines selbstgenügsamen Befunds, das die von ihm ausschwärmende ratio zu ermitteln hat. Stets ruht das Schwergewicht auf dem profanen Geheimnis des Vorgangs an sich, und die Innerlichkeit, die ihn tragen sollte, wird nur insoweit angesetzt, als das Verständnis des Vorgangs es fordert, sie ist seine Umdichtung, statt der Kern zu sein, aus dem er wächst. Mit seiner Abwanderung aus der Mitte reduziert sich das Seelische auch auf die allgemeinmenschlichen Instinkte, die besondere Beachtung nicht in Anspruch zu nehmen vermögen: Geldgier, Rachegelüst und sinnliche Leidenschaft treten als ideologische Substruktionen, als Begründungen post festum auf. Wird aber selbst die Atomisierung des Psychischen vermieden und von literarischem Ehrgeiz die dämonische Verbrechergestalt erstrebt, so unterbaut das Dämonische mitnichten die Handlung, es umschließt sie vielmehr wie ein Nebel, der vom Intellekt zu durchdringen ist und seine Siege erschwert. Noch von dem glorifizierten Bösewicht älterer Romane bis zu dem gefürchteten Gegner Sherlock Holmes' ist ein weiter Weg. Wird dort die Tat aus einer wie immer kitschig dargestellten personenhaften Leidenschaft abgeleitet, so erblaßt hier die Dämonie im Glanz der Deduktionen, die durch die Entwirrung des Tatbestands den Grund des dämonischen Effekts ans graue Tageslicht zerren und verzerren.

In dem einen Falle ist das Wesen des Täters von unzerstörbarer magischer Kraft, in dem andern Magie ein Wesenstrug, der nur so lange täuschen kann, als das Unerklärliche logisch noch nicht bewältigt ist. Auch das Unheimliche ist weder ein Attribut des finsteren Geistes, der aus der Heimlichkeit des erfüllten Raumes weist, noch haftet es an der Tat und senkt sie in das Reich der Finsternis ein – es geht aus von der Rätselhaftigkeit eines Befunds, der als Endglied unerforschter Zusammenhänge den glatten Ablauf des Getriebes jäh unterbricht. Werden diese Zusammenhänge, die aus einer Folge in sich geschlossener Einheiten bestehen, von dem Intellekt freigelegt, so verliert ihre kahle Reihe jede Unheimlichkeit, da sich die Glieder logisch einsichtig aneinanderfügen. In einer Sphäre dagegen, in der die Gestaltungen etwas bedeuten, wächst die Unheimlichkeit des Gesetzesfrevlers in dem Maße, als seine Tat sich offenbart. Je näher man ihm tritt, desto dunkler und grauenvoller wird sein Wesen, das die ratio übergreift; während diese das Dunkel bannt, wenn sie allein die Helle spendet und zwischen bloßen Fakten sich bewegt. Unheimlich ist dann nur jenes Provisorium, in dem die Dinge sich noch drohend gegen das

Denken aufzurichten scheinen und eine seltsame Gleichung sich darbietet, deren Unbekannte vorerst nicht zu errechnen sind. Doch hat der große Detektiv das widerstrebende X seiner Verborgenheit entrissen, dann sinkt der Attentäter, ein Strohwisch, in sich zusammen, und die Eleganz des Schlußverfahrens heimelt an. Dessen Triumph ist zugleich die Aufhebung der Panik, in die im Detektiv-Roman eine mysteriöse Begebenheit die Menschen stürzen mag. Nicht die Macht des Ereignisses verschlägt hier den Atem, sondern die Undurchsichtigkeit der Kausalkette, die das Faktum bedingt – statt durch einen Theaterbrand also oder durch eine Traumerscheinung, deren Realität die Angst in alle Poren treibt, wird die Panik in dem von der ratio beherrschten Gebiet gerade durch die Abwesenheit jeglicher Realität erzeugt, auf die sich das an sich gar nicht panisch wirkende Faktum zurückführen läßt. Man schaudert, weil der Intellekt versagen will, nicht aber steht dieser still, weil Schauer ihn lähmen. Das Vertierte, das Naturgewaltige, das verzehrt, und alle sinnlos-ungemeinen Phänomene, deren Gegenwart erzittern macht: ihr Sein ist erborgt, und wird die Maske gelüftet, so gähnt dahinter das Illegale in seiner Trivialität. In dem Roman von Gaston Leroux »Das Parfum der Dame in Schwarz« (Josef Singer, Leipzig) ängstigt das Wiederauftauchen des totgeglaubten Verbrechers Darzac seine frühere Gattin, die inzwischen neu verheiratet ist. Man fühlt sich in dem alten Schloß durch die unbegreifliche Mördererscheinung zu jeder Stunde umlauert, und es bedarf des ganzen Scharfsinns eines Rouletabille, um zu entdecken, daß Darzac nur darum immer zugegen sein kann, weil er in Gestalt seines vorher von ihm beiseite geschafften Ehenachfolgers selber sich unter die Harmlosen mischt. Die Panikstimmung dieses Romans wird dadurch kunstreich aufrechterhalten, daß erst ganz zuletzt die Folge der Fakten jene vernunftgemäße Aufklärung findet, die allein die Abwendung des auf den Beteiligten lastenden Verhängnisses ermöglicht; die Haare sträuben sich nicht über das Verhängnis selber, dem der Mut gewachsen wäre, sondern über das vergebliche Tasten nach seinen Voraussetzungen in einem von der ratio noch unerfüllten Vakuum. Wie dieser dem Intellekt unerträgliche Leerraum ein Entsetzen weckt, dessen Grund die durch sein Vorhandensein vorgespiegelte logische Unbezwinglichkeit des Stoffes ist, so gibt er den rational zu verarbeitenden Befunden für eine Weile den Anschein der Bedeutung, die ihnen in Wirklichkeit eignet. Wenn die ratio in ihn einströmt, dann freilich erstrahlen die unfragwürdigen illegalen Fakten elektrisch, und der Dunst um sie her verweht.

Das Gepräge des Exotischen, das der Verbrecher im Detektiv-Roman häufig erhält, verzerrt eine dieser Sphäre unmittelbar nicht darzustellende Wesensbestimmung zu einem Phänomen des temps espace. Wird im Bewußtsein der Unbedingtheit gelebt, so ist eine solche Transformation unvermeidlich, denn die Preisgabe der existentiellen Spannung bedeutet notwendig den Untergang des Überzeitlichen in der eindimensionalen Zeit, und die ratio schafft die zeitlichen Erlebnisse beiseite, die der Verräumlichung sich entziehen. Die schon erwähnte (vgl. S. 10) Betonung des Prinzips der Internationalität, die das kreatürliche und also begrenzte Zusammen nicht überwindet, sondern geflissentlich übersieht, ist lediglich ein Zeichen für die teilweise Verkennung der Bedingtheit und die Verwandlung der Wirklichkeitsgehalte in räumliche Konfigurationen. Unter der Herrschaft dieses Prinzips, das im Detektiv-Roman nur darum nicht die von dem autonomen Denken geforderte Aufhebung des Paradoxons vorwegnimmt, weil die abbildende ästhetische Totalität seinen Bestand nicht verleugnen kann, wird das Dasein im erfüllten existentiellen Raum, der die auf das Überräumliche bezogenen Gesamtmenschen birgt, durch die Bewegung auf den konzessionierten Bahnen ersetzt, die im leeren Raum sich kreuzen, und das räumlich unausdrückbare paradoxe Zugleich des Lebens im Gesetz und jenseits seiner Grenze verkümmert zum unproblematischen und räumlich allgegenwärtigen Nebeneinander der legalen und illegalen Figuren. So auch ist mit dem Exotischen ein Existentielles gemeint, das in dieser Sphäre räumlich nur aufzeigbar wird. Die Möglichkeiten außerhalb des erfüllten Raumes werden in dem entleerten als ein Fremdes erfahren, weit von der Heimlichkeit des sicheren Orts. Gefahr und Geheimnis vermengen sich, sie locken über die Grenzen in eine Ferne, die der Heimat näher sein mag als das vorläufige Zuhause hier. Diesen inneren Aspekt überträgt der Detektiv-Roman durch die Einführung des Exotischen auf den geographischen Raum. Ist das Legale auch räumlich unbegrenzt und die ganze Erde der Schauer entblößt, so behält doch die ästhetische Schöpfung dem einen oder anderen Lande das Reservat der terra incognita vor. Sei es nun Ägypten, Indien oder China – die Favoriten unterliegen wie die Kleidung der Mode –: irgendein Erdenwinkel wird mit dem Stempel der Fremdheit schlechthin versehen, auserkoren zu einem Naturschutzpark von unbegrenzten Möglichkeiten, wie sie gerade Amerika nicht gewähren kann. Der Abkömmling aus jenen Gefilden, der in unseren Großstädten auf- und untertaucht, muß nicht ein Verbrecher sein; seine Funktion ist vielmehr, die Stimmung des Außerhalb zu erzeugen, die freilich nur als abgelöste Stimmung in das Ganze eingeht, statt von der legalen Figur erfahren zu sein. Da die existentiellen Zustände in den niederen Regionen alle nach räumlicher Verkörperung drängen, ist der Widerspruch zwischen dem Prinzip der Internationalität und dem Zugeständnis exotischer Enklaven nicht zu vermeiden, er gehört zu jenen Kontradiktionen, die nach der Einebnung des Mehrdimensionalen als Residuen verbleiben und lediglich durch den progressus ad indefinitum theoretisch scheinbar sich abschleifen lassen. Ästhetisch jedenfalls ist Indien ein unerschlossenes Land, seine Dschungel spotten des Asphalts, seine Fakire hypnotisieren den Gentleman. Die ratio zum Glück zerstört die Ansprüche des Exotischen und stellt unzweideutig fest, daß das illegale Faktum gleich erklärlich ist, ob es nun von einem Exoten herrühre oder von p. p. Mulack aus der Ackerstraße.

Der im Detektiv-Roman häufig wiederkehrende Gentleman-Verbrecher, dessen Doppelspiel dem Detektiv die Lösung seiner Aufgabe erschweren soll, mag als ein Versuch begriffen werden, das Paradoxon des Existierens zum mindesten äußerlich darzustellen. Wird es gelebt, so sind die Bereiche des Inner- und Außergesetzlichen miteinander verbunden und existentielle Spannung eint das Geschiedene, ohne den Unterschied zu verwischen und sich in ihn zu zerlegen. Nach der Verzerrung dieses Zugegenseins in den beiden Bereichen zur Entgegengesetztheit des Legalen und Illegalen bleiben nur noch die Restbestände der in jeder Sphäre wirklichen Paradoxie zurück. Das Übergesetzliche birgt und verbirgt sich im Widergesetzlichen, das sich zum Illegalen atomisiert, und an die Stelle des ausgerichteten Menschen, dessen Doppelleben seine personhafte Einheit konstituiert, kann der Gentleman-Verbrecher treten, der aus zwei Figuren zur künstlichen Einheit sich formt. Er ist nicht einer, der immer wieder aus der Gemeinschaft drängt, weil sie ihm nicht das Letzte bedeutet, sondern illegale und legale Handlungen werden so an ihn geheftet, als sei er nur einer; nicht weist ihn die Beziehung über das Gesetz hinaus, sondern Wohlanstand und Inkorrektheit geben sich zufällig ein Rendezvous am gleichen Platz und folgen nacheinander in der fließenden Zeit, statt miteinander einem einzigen Grunde zu entwachsen. Auch die Schizophrenie ist eine Spaltung des Ichs, doch der Gentleman-Verbrecher vereint nicht zwei Seelen in seiner Brust, die voneinander unabhängig sind, er ist vielmehr der Fixpunkt zweier sich widerstreitender Handlungsreihen, die vergeblich den Ursprung aus einer Seele vortäuschen möchten. Ihre Lokalisierung an einem und demselben Orte bringt sie nicht im geringsten einander näher, und tatsächlich sind sie auch nicht zusammen, wenn sie zusammen scheinen. Denn entweder ist ihre Vereinigung ein purer Zufall raumzeitlicher Art, oder die eine Hälfte des Zwitters dient der anderen als Maske nur. Die dritte Möglichkeit, daß es sich bei der Doppelfigur bereits um eine Transzendierung des Detektiv-Romans handle, wird im folgenden Abschnitt noch erörtert werden. Wie immer aber auch – solange der Roman in seiner Ausgangsposition beharrt – die Synthese mißrate: Der Gentleman-Verbrecher ist doch im Ansatz die Entstellung des existenten Menschen, dessen Einheit er aus den Elementen zu rekonstruieren sucht. Das hierbei geübte Verfahren stimmt mit dem der Assoziations-Psychologie überein, die der Erfahrung des Ganzen sich verweigert und aus den Teilen darum nur sein Phantom zu erzeugen vermag, wenn sie denn überhaupt zu ihm hingelangt.

Wandlungen

Als Personifikation der ratio spürt der Detektiv weder den Verbrecher auf, weil dieser illegal gehandelt hätte, noch identifiziert er sich mit den Trägern des Legalitätsprinzips. Vielmehr, er entwirrt das Rätsel lediglich um des Prozesses der Enträtselung willen, und nur dies: daß das Legale und Illegale als Residuen noch vorhanden sind, führt ihn zumeist auf die Seite der Polizei. Wären diese blassen Bestände auch getilgt – nichts hielte ihn davon zurück, in dem reinen Prozeß unterzugehen, der nicht Anfang noch Ende kennt. Die Konsequenz wird nicht selten so weit getrieben. Doch im allgemeinen weiß die ratio sich als Rest und Ersatz eines Höheren, und statt im Nichts zu versinken, dem sie durch ihre Ablösung zubestimmt ist, entscheidet sie sich, der Schatten eines Etwas, in der Regel für die Kampfstellung gegen das Illegale. Gewiß nicht so sehr deshalb, weil sie sich nun zum Legalen bekennte, sondern um in der gespaltenen Welt einen Angriffspunkt zu haben. Ihr Verzicht auf die Indifferenz hebt diese nicht auf, er erfolgt aus Opportunitätsgründen, und dem Bündnis, das sie mit dem Legalen schließt, kann sie jederzeit sich entziehen. Wenn sie ihm trotzdem im Detektiv-Roman träg die Treue hält, so deshalb nur, weil das eindimensionale Denken in seinem Streben nach Identitätssetzungen das Legale ohne weiteres zum liebsten Kind der ratio macht, womit denn das Illegale leichthin zum Bastard entwertet wird.

Das ideologische System mag die Gleichung in der Unendlichkeit zu Ende führen, in der Endlichkeit des ästhetischen Gebildes ist ihr der Abschluß versagt. Verfolgt auch der Detektiv dieselben Ziele wie die Polizei, so geschieht doch alles, um ihn abzugrenzen von ihr und seine Selbständigkeit zu erweisen. Damit seine Unabhängigkeit von den legalen Verpflichtungen hervortrete, wird er als Privatmann gekennzeichnet, der aus freien Stücken die Fälle übernimmt und sich jeweils mit der Polizei zusammenfindet, ohne ihr eingegliedert zu sein. Das Verhältnis ist locker, und die Zielgemeinschaft erstreckt sich lediglich auf die Entdeckung des Täters, die eine polizeiliche Teilaufgabe ist. Da ihre Lösung rein ein Geschäft der ratio ist (oder doch zumindest ästhetisch als deren eigenste Aufgabe begriffen wird), muß der Detektiv des Romans gewinnen und, wie sich Karl Lerbs (»Der Griff ins Dunkle«, a.a.O.) subaltern, aber richtig vernehmen läßt, »gegenüber den amtlichen Polizeiorganen im Glorienschein der Überlegenheit« erstrahlen. Der typische Roman unterscheidet ihn nicht nur darin von jenen Organen, daß er ihn der sozialen Bedingtheit entrückt, er beläßt auch seinem Handeln nur gerade soviel Zweckbestimmung, als erforderlich ist, um sein sporadisches Eintreten für die legalen Interessen zu erklären. »Der Detektiv mag gute sittliche Eigenschaften besitzen«, bemerkt Lerbs, »wie er sie ja als Vertreter des Gesetzesübertreters von Rechts wegen haben muß; aber das Wesenselement, das ihn zum Handeln treibt, ist (vom Standpunkt seines schriftstellerischen Erzeugers betrachtet) ein anderes. Es sitzt im Großhirn, nicht im Herzen, und ist ein gut Teil vom Herrschaftsstreben des modernen Intellektmenschen...« Detektiv und Polizei kämpfen also mit ungleichen Waffen; denn zeigt sich diese auch rational bemüht, so kann sie doch nicht wie jener die Mittel der ratio ungehindert verwenden. Sie ist ein öffentliches Instrument, und das Legale, das sie vertritt, setzt ihr die Grenze. Es schließt das Prinzip des einen Teils der Gesellschaft gegen das des anderen ab, und so kann die ihm verschriebene Polizei in das Gebiet des Illegalen nur als legale Institution eindringen, deren Aktionsmöglichkeiten hier beschränkt sind auf die legalen – während der Detektiv indifferent gegen das Legale und Illegale vorgehen mag.

Im Vergleich mit ihm erscheint die Behörde plump, ihr Verfahren brutal. Da sie zuerst das Legale zu behaupten hat, stellt sie die ratio in den Dienst einer aus ihr zwar abzuleitenden, ihr gegenüber aber verselbständigten Macht, sie durchbricht immer wieder den rationalen Prozeß mit Intentionen, die seiner Folgerichtigkeit nicht gemäß sind, und muß es sich darum gefallen lassen, überall dort zurückzustehen, wo nicht die Macht des Prinzips, sondern die unbeirrte Anwendung logischer Schlußmethoden entscheidet. Diese aber allein führt zum Ziel der Enträtselung, wenn die Auseinandersetzung zwischen den Gewalten in einer Sphäre sich vollzieht, in der die Innerlichkeit des Sünders zur Unsichtbarkeit des Verbrechers wird und die göttliche Vorsehung in der ratio verschwindet. Das meint auch Lerbs (a.a.O.), bei dem die Erkenntnis freilich das taube Medium der schlechten Empirie nicht durchdringt: »Immer wieder tut sich in der Kriminalistik eine Lücke auf, immer wieder kommt einmal der große Verbrecher, der des gegen ihn aufgefahrenen polizeilichen Rüstzeugs mit brutaler Kraft oder weltmännischer Eleganz spottet. Die Vielgestaltigkeit, die oft bis zur Ungreifbarkeit verfeinerte Subtilität des modernen Lebens erfordert biegsame Waffen und eine Einstellungs- und Wandlungsfähigkeit, die die zahlenmäßige Unterlegenheit der Sicherheitsmacht durch ungehemmte Beweglichkeit und elastisches Auf-dem-Posten-Sein wettmacht. Immer wird dem amtlichen Polizeiapparat eine Schwerfälligkeit anhaften, die eine restlose Erfüllung dieser Bedingungen hindert.«

Das Stilmittel, durch das die Souveränität des Detektivs in seinem Verhältnis zur Polizei zum Ausdruck gelangt, ist die Ironie, deren sich die ratio gegen die legale Macht bedient. Gemeinhin wird so verfahren, daß der Kriminalinspektor von Scotland Yard den Fall nach einer Theorie bearbeitet, die auf den Augenschein sich gründet und die gröbste Wahrscheinlichkeit für sich hat. Sherlock

Holmes gibt der Untüchtigkeit des Beamten, der die Treue und Zuverlässigkeit selber ist, freie Bahn, benutzt aber die Zeit seiner Irrungen dazu, auf eigene Faust die Lösung des Problems zu finden, die jene Wahrscheinlichkeit Lügen straft. Der gedemütigte Beamte wird mit dem Ereignis dadurch ausgesöhnt, daß der wohlwollende Detektiv zu seinen Gunsten auf die öffentliche Anerkennung verzichtet. Diese Ironie ist nicht wie die Sokratische oft, deren Überlegenheit in das Nicht-Wissen mündet, auch ist sie gewiß nicht die monologische Ironie des zum Unbedingten sich Verhaltenden, dem jeder Rechtsanspruch, jede Entscheidung zur Zweideutigkeit wird, sie ist eine Geste der ratio, die sich zunächst verschleiert, um später desto blanker und unzweideutiger hervorzutreten. Eine Geste nur, denn Ironie setzt die letzte Unsicherheit des Überführenden voraus, sonst führt sie nicht, sondern täuscht. Die zur Unbedingtheit emporgesteigerte ratio befindet sich aber von vornherein in einer Position, die ihr nicht mehr als die leere Form der Ironie vergönnt; die Anmaßung des Legalen prallt an ihr zurück, statt mit ihr sich in die Beziehung zu fügen. Wenn der Kriminalinspektor zu Anfang in dem Glauben seiner Unfehlbarkeit sich wiegt und am Ende gestehen muß, daß er das Spiel verloren hat, so verdankt er diese Erkenntnis einer Belehrung, die dann nur mit wirklicher Ironie erteilt wäre, wenn sie den Belehrten zurückzwänge in die Bedingtheit des Lehrers. Da jedoch der Detektiv Unbedingtheit für sich in Anspruch nimmt, ist seine erheuchelte Ignoranz ein billiger Spaß, der nicht dazu dient, auf die gemeinsame Abhängigkeit hinzuweisen, sondern der eigenen Sicherheit das nötige Relief verleihen soll. Gewiß wird der andere in seine Schranke gebannt, aber er weicht einer Gewalt, die ihn gar nicht ironisieren dürfte, weil sie als die höchste sich setzt und um dieser Prätention willen selber ironisiert werden müßte. Indem sie sich unansehnlich macht, damit behördlicher Dünkel sich stolpernd enthülle, zeigt sie ein Verhalten, das in Wahrheit eine Düpierung ist, ein Mittel mehr zur Abhebung der autonomen ratio von den Mächten der durch sie konstituierten Sphäre. Ist die Düpierung gelungen, so mag der Detektiv gut und gern den Ruhm der Entdeckung den beamteten Konkurrenten überlassen, die zu spät erst erfahren, daß sie mit dem Herrn selber, nicht mit seinem Engel allein gerungen haben; als Darsteller der ratio trägt er seinen Lohn in sich und gibt durch den Verzicht lediglich kund, daß er sozial nicht eingegliedert ist.

Die Transparenz des mit den drei Figuren der Polizei, des Detektivs und des Verbrechers Gemeinten wächst in dem Maße, als durch sie hindurch auf das Eigentliche hingezielt wird, das sie verzerren. Der Detektiv tritt mehr und mehr aus der sinnlosen Indifferenz der abgelösten ratio heraus und nimmt das durch sie Überdeckte in sich auf: er wird zum Träger des Ethischen, das über die Fixierungen hinaus begehrt, und repräsentiert, wie ungemäß immer, die Züge derer, die mit dem Oberen verknüpfen. Auch die Entgegensetzung des Legalen und Illegalen erlangt durch die Umkehr des Blicks ihre Beziehung zurück. Eine Welt freilich, in der die Namen fehlen, und das Obere ganz in die Immanenz einbezogen wird, kann unvollkommen nur mit Wirklichkeit sich füllen; ihre Figuren mögen den Sinn der Gewalten hindurchschimmern lassen, an deren Stelle sie sich setzen, ein Schleier umzieht ihn doch, der nicht durchaus zu lüften ist. Da das Übergesetzliche in dieser Welt keinen Ort hat, muß es bei zunehmender Durchschlagskraft der unmittelbar die Wirklichkeit meinenden Intentionen zu dem Illegalen ungleich mehr hinneigen als zu dem Legalen, das als Überdeckung des Gesetzlichen seine Grenze sucht. Es begrenzt sich aber nur, wenn das vertriebene Obere außerhalb seines Bereiches eine Zufluchtsstätte findet. Je stärker darum die Existentialität ist, die sich in dem verderbten Kategorienmaterial des Detektiv-Romans auszudrücken strebt, desto inniger und tiefer verbündet sich das ungenannte Geheimnis mit dem Ungesetz, das allein hier das Gesetzliche bedingen kann. Diese Eintragung der Bedeutung hat zur Folge, daß der Detektiv sich als Vertreter der auf das Geheimnis Beziehenden von dem Legalen, dem er sich in der Ausgangsposition der glatten Rechnung wegen beigesellt, loszusagen beginnt. Immer durchsichtiger wird seine Figur, bis sie verschwindet am Ende und das eigentlich Gemeinte die letzten zarten Hüllen durchstrahlt.

Die Transzendierung hebt damit an, daß die ratio nicht mehr aus Gründen der Indifferenz, sondern als Repräsentantin des Ethischen abrückt von dem Legalen. Der Detektiv tritt dann am Schluß nicht ab, weil er sich mit der Durchführung des Enträtselungsprozesses begnügt, er zieht sich vielmehr zurück, weil die legale Aburteilung, vom Ethischen aus gesehen, unzulänglich ist. Befürchtet er, daß der Fall zu schwierig sei, um von der Behörde ohne Mißgriff erledigt zu werden, so läßt er die Polizei aus dem Spiel und sucht einen Ausweg auf eigene Faust. Er gewährt dem Verdächtigen, der den Schein wider sich hat, die Möglichkeit des Entschlüpfens, bedeckt eine Affäre, in die Unschuldige verwickelt sind, mit Schweigen, vereint Liebende, die äußerer Umstände wegen nicht zusammentreffen können – kurzum: er wird zum priesterlichen Menschen, zum deus ex ratione gar, der oberhalb des Gesetzes waltet und die Lose erwägt. Das alles im Anklang nur und psychologisch entstellt, da die Kategorien, die das ästhetische Gebilde beherrschen, mächtiger sind als die Intentionen, die sie sprengen, und alle Versuche des direkten Meinens nicht den immanenten Sinn jener Kategorien tilgen, mit denen das nun in sie Hineingelegte gemeint sein mag. Entschiedener schon entfernt sich der Detektiv von der Ausgangsposition, wenn er, ein bewußter Träger des Ethischen, zum Illegalen sich wendet. Seine Kameradie mit dem Verbrecher, seine Hochachtung für den aus Leidenschaft Irrenden entlarvt zum mindesten die Fragwürdigkeit des aus der Beziehung entsunkenen Legalen, wenn sie nicht bereits die Paradoxie des Existierens darzustellen trachtet. In einer Novelle Doyles tritt Sherlock Holmes, mit modernem Diebeswerkzeug hinreichend ausgerüstet, als Einbrecher in Aktion, um einem Wucherer belastende Papiere zu entreißen, die auf legalem Wege nicht zu erlangen wären. In dieser Situation, der er sich durchaus gewachsen zeigt, entringt sich ihm wie ein Stoßseufzer die an den unvermeidlichen Watson gerichtete Bemerkung, daß er wohl das Zeug zu einem tüchtigen Verbrecher habe. Wichtiger als die rhetorische Entgleisung ist aber dies: daß er der Polizei nicht den Diebstahl nur, sondern auch die während seines Einbruchs stattfindende peinliche Szene zwischen einer Dame und dem Wucherer vorenthält, die mit dessen Erschießung durch sein Opfer endet. Hier arbeitet der Detektiv offen gegen das Gesetzliche, mit dem sich die Polizei – eine erstarrte Priesterkaste – identifiziert, und sanktioniert zugleich als Ausgesonderter, der sich auf das inexplizite Übergesetzliche bezieht, die Verfehlung der Dame, die ihm Absolution zu verdienen scheint. Indessen ist die Verwandlung des Detektivs zu dem die Totalität der Gesellschaft umfassenden und überschauenden Verknüpfer mit dem Oberen der in den niederen Regionen hingenommenen Realität weniger angemessen als seine Transzendierung zum Widersacher des Legalen, der die erstarrte Rechtmäßigkeit bekämpft, um das Gesellschaftsganze neu zu verknüpfen. Denn wird das Göttliche in die Immanenz verbannt, so ist das Legale ohne Legitimität, und nicht anders als durch die Kräfte, die im Bereich des Außergesetzlichen sich regen, kann es eingetan werden in die Beziehung. Die Kräfte, die sich gegen die selbstgenügsamen Fixierungen auflehnen, sind die provisorische und unreine Niederlassung des Übergesetzlichen, das sich ihrer als eines unfreiwilligen Werkzeugs bedient, um anerkannt zu werden in seiner Transzendenz. Die das Eigentliche ansprechende Formung holt daher den Detektiv von jener im Roman ungegebenen Position oberhalb der sozialen Totalität herab und verschmilzt ihn mit den Vertretern des Illegalen selber – mit dem Gentleman-Verbrecher zumal, der wie auserkoren dazu ist, das Übergesetzliche ins Gedächtnis zu rufen. Er kann als Entsprechung des existentiellen Menschen gelten, solange die ästhetische Totalität nur die Welt abbildet, die bedingt von der ratio wird; erteilt die Umkehr der Blickrichtung den Figuren Redegewalt, so mag er zum Zeugen gegen die legale Gesellschaft werden und das Geheimnis manifestieren, dem die abschlußhafte Legalität sich verweigert. Diese wird gebrochen, weil er das Illegale tut, und das Illegale erweist sich als Notbehelf, weil er nicht durchaus bricht mit dem Legalen. In der stummen Welt, in der das Wirkliche ungesagt bleibt, ist der Gentleman-Verbrecher ein vergeblicher Versuch, den Abgrund zwischen den Bereichen zu überbrücken, die in der Beziehung zusammengehören; und der Detektiv kann sich nicht wohl mit ihm identifizieren, da sich die ratio weder jenen Bereichen selber noch auch gewiß ihrer künstlichen Vereinigung zuordnen läßt. Gibt sich aber die ratio als durchscheinende Hülle des verknüpfenden Wesens kund, und wird zugleich das Obere, dem sie zuleiten soll, eingesenkt in die Immanenz, damit es sich der Unwirklichkeit der im Detektiv-Roman ergriffenen Realität anpasse, so besteht kein Anlaß, den nun mit der Rolle des Verknüpfens bedachten Detektiv als Sondergestalt zu behaupten, das dritte ist nicht herausgestellt, das ihn absonderte, er mag eingehen in das Spiel und Gegenspiel der beiden Mächte, die jetzt alles bedeuten. Würde er rein zum Verbrecher, die Innerlichkeit müßte aufbrechen, wenn die verschlossene Gesetzlichkeit durch ihn erbrochen werden sollte. Da aber das von den herrschenden Kategorien gesetzte Außen das Illegale scheidet von dem Bereich der Legalität, kann er diesen als Doppelfigur lediglich angreifen, die hierhin und dorthin gelangt. Die Literatur hat den Typus des Detektiv-Hochstaplers längst gestaltet. Maurice Leblancs unwahrscheinlicher Arsène Lupin ist ein Detektiv, nur daß sein Scharfsinn sich nicht mit der Polizei verbündet, sondern der Indifferenz um illegaler Abenteuer willen entsagt. Diese sind keineswegs Verbrechen, die zu verpönen wären, sie markieren vielmehr das Verbrechen, ohne ihm ernsthaft zu verfallen, sind intellektuelle Spielereien auf unkonzessioniertem Gebiet, deren einzige Bestimmung es ist, die Sicherheit des Legalen zu zerstören, das sie seines Unrechtes wegen verneinen. Als artistisch geformte Abläufe der ratio, Beispiele des immer gleichen formalen Prozesses, entraten sie der sachlichen Schwere, nur gerade so viel Eigenbedeutung noch bewahrend, um die Polizei zu attackieren, das reguläre Getriebe in Unruhe zu versetzen. Wie sehr die Vergehen Lupins der »Gesellschaft« gelten, beweist des Meisters Haltung: er verhöhnt die Bürger, kündet in einer Zeitung, die er zu seinem Leibblatt ernennt, öffentlich seine Absichten an, erklärt nach gelungener Flucht aus dem Gefängnis dem wißbegierigen Polizeiinspektor die Details dieses ruhmreichen Unternehmens. Da aber das Übergesetzliche, das er mitvertritt, das Gesetz nur erschüttert, um es zu gründen, muß er das Legale als Restbestand des Gesetzlichen in demselben Maße anerkennen, wie er es verwirft. Dies auszudrücken bleibt seiner Äußerlichkeit kein anderes Mittel als die passionierte Hingabe an den Gentleman-Beruf, und man wird nicht verwundert sein, daß der in allen Ränken Erfahrene sich im Gespräch mit dem englischen Gesandten als Herr der Situation erweist. Der Akzent indessen liegt auf der Preisgabe des Gesellschaftlichen, deren ethische Rechtfertigung lediglich im psychologischen Medium geliefert werden kann. Der Knabe Lupin, so weiß sein Erzeuger und Biograph zu berichten, hat die Gesetzesparagraphen zum ersten Male verletzt, als es sich darum handelte, seine Mutter aus schmachvoller

Abhängigkeit in einem gräflichen Hause zu befreien – rührender Zug der Kinderseele, die gegen das legale Getue illegal protestiert. Der Sinn diese Protests tritt zumal dann hervor, wenn der Witzbold Leblanc Holmes zitiert, damit er die bedrängte Gesellschaft schütze. Doch macht ihn auch poetische Berechtigung zum ebenbürtigen Gegner des andern, den kürzeren zieht er darum nicht minder. Denn die ratio, die vagabundiert, weil sie das Höhere nicht kennt, muß sich gegenüber der ratio behaupten können, die den Pakt mit schlechter Bürgerlichkeit schließt. Als praktischer Gesellschaftskritiker hohen Ranges aber wird der Detektiv erst in Frank Hellers Romanen begriffen und geehrt. Herr Philipp Collin alias Prof. Pelotard verrichtet in ihnen, deren dünne Atmosphäre und heiter-verbindliche Ironie an Anatole France gemahnt, das moralische Geschäft, eine korrupte Gesellschaft durch seine Unregelmäßigkeiten in Wallung zu bringen, er ist ein Salonhäretiker, der aufsteht wider die Legalität. Läßt er fremdes Eigentum zu persönlichem Nutzen in seine Tasche wandern, so ist es ein Diebstahl gewesen, und nimmt er es nicht eben mit der Wahrheit genau, so übertölpelt er nur die legalen Betrüger. Noch ist es die ratio, die hier sich hochstapelnd bekundet, weil sie das ganze Getriebe bedingt. Aber ihre das Obere meinenden Intentionen sind offenbar, und lediglich ihre Herrschaft über die Totalität hindert daran, daß das Obere selber die Totalität beherrsche. Werden die Kategorien des Detektiv-Romans vollends gesprengt, so daß die Beziehung zwischen der Legalität und dem Illegalen nicht mehr äußerlich durch eine Figur sich darstellt, die zu beiden Bereichen zählt, erhält also das Eigentliche eine unmittelbare Sprache, die ihm die Rede auch über den Abgrund gestattet, so mag das noch in der Immanenz eingeschlossene Obere sich dem Verbrecher verbünden, dessen Tat ihn abtrennt von der Gemeinschaft des Pseudo-Gesetzes. Der Detektiv verschwindet dann, denn die Indifferenz des rationalen Prozesses weicht durchaus dem Anruf des Geheimnisses – er verschwindet in dem Verbrecher, der nun sich in innerer Dialektik mit dem Übergesetzlichen auseinandersetzt oder dessen Seele doch der Ort ist, an dem allein es angreifen kann. Statt daß die ratio ihn entlarvt, ohne ihn zu finden, enthüllt er sich selber, um gefunden zu werden. In den »Kriminalromanen« Dostojewskis ist er der Unglückliche, der die Liebe auf sich herniederzieht, die Frage, die einer Antwort bedarf, wenn die Ordnung erstehen soll – immer aber der Belastete und Verschlossene, an dessen Lösung und Verknüpfung die Rechtfertigung des Geschaffenen hängt. Kein Detektiv sucht ihn, von sich aus tritt er hervor, seine Taten sind keine Triumphe der ratio, die auch dort, wo sie nur transparente Überdeckung ist, das Illegale noch in den Prozeß verwickeln muß, um seinen Anteil an dem Übergesetzlichen zu erweisen, sie sind ein Seiendes, das sich selber seinen Sinn zu erwerben vermag. Freilich, nicht der Verbrecher allein umkreist das Geheimnis, das sich verbirgt, das ihn umschwebt. Auch der Gegenspieler erscheint ihm in der Nacht, als eine in die Wirklichkeit gebannte Vision, Traum des Erlösers, des verknüpfenden Menschen, der die Tat in Sünde wandelt und die Sünde der Gnade empfiehlt. Der Herr küßt den Großinquisitor, der das Gesetz begrenzen sollte und verrät, indem er es absondert von dem Grund; Aljoscha ist die Hoffnung Iwans, und Leo Myschkin weilt bei Ragoschin nach dem Mord. Scheiden diese Erscheinungen, durch die das Geheimnis heimgewiesen ist in die Transzendenz, sich von dem Sünder, den sie nicht retten, aber vernehmen, so geht der Detektiv in sie ebenso ein wie in den Frevler – er ist der Dunkle, der das Gesetz verneint, und ist der Versöhnende oberhalb des Gesetzes, und wenn dieser zu jenem sich neigt, ereignet sich nur das mit dem rationalen Prozeß wirklich Gemeinte. Ein Fluten vom Ketzer zum Heiligen bei Dostojewski, dem der Fels des Gesetzes noch nicht entsteigt, ein

Bund des Widergesetzlichen und Übergesetzlichen, dem jede Ordnung zu provisorisch und jedes Provisorium zu sicher dünkt. Da aber die erfüllte Mitte nicht wirklich wird, wenn auch ihre Notwendigkeit erfahren und ihr paradoxes Verhältnis zum Außergesetzlichen begriffen ist, eröffnen sich hier im Gesetzes-Jenseits alle Wesenheiten unbegrenzt – der Zusammenhang zwischen Figur und Faktum wird nicht aufgespürt durch den Detektiv, sondern die Einheit von Person und Tat erschließt sich selber im Hinblick auf das Geheimnis.

Prozeß

Die entscheidende Handlung, die im Detektiv-Roman herausgeformt wird, ist der Prozeß der Entwirrung des Rätsels, den der Detektiv vollzieht. Dieser Prozeß ist die Entsprechung des Werks der Verknüpfung. Wie immer diese Verknüpfung erfolge: ob sie als einsame Umkehr geschehe, ob der priesterliche Mensch dem Sündhaften zum und vom Gesetz verhelfe, ob der Ketzer, das ihm eingeschriebene Gesetz hervorrufend, die Empörung wider das erstarrte auf sich nehme – stets ist sie das Ereignis, das die Wirklichkeit bestätigt und in ihr erhält, weil es die Geschaffenen in Beziehung setzt zu ihrer Bedingung. Die Wirklichkeit ist kein Zustand, sie ist eine Bewährung, ein Vernehmen und Antworten, ein Weg oder ein Prozeß, ein Heilsprozeß, um in theologischer Sprache zu reden, den die Immanenz zu durchfechten hat, da sie nicht in sich selber ruht. In diesen Prozeß tritt der ausgerichtete Mensch ein, der sich nicht überspringt, indem er das Letzte denkt, sondern sich einsetzt oder eingesetzt wird in die Beziehung zum Letzten. Erst seine Bewegung auf das Letzte hin, die Dialektik der Innerlichkeit, wie Kierkegaard sie nennt, stellt ihn ein in die Wirklichkeit, denn er ist wirklich und ergreift das Wirkliche nur insofern, als er sich hinspannt zum Absoluten, das menschlicher Bedingtheit wegen erkenntnismäßig ungreifbar ist, und in der Spannung zu ihm hin jeweils die Antwort empfängt, der seine Fragen zugewandt sind und die selber wiederum Frage bleiben mag. Die Wirklichkeit, in der die Erkenntnis getragen wird von dem existierenden Menschen, in der sie also aus dem Verhältnis zum Unbedingten erwächst, statt daß sie die Existenz beiseite schöbe, muß verlorengehen, sobald die verselbständigte ratio das Absolute kraft der von ihr prätendierten Absolutheit zu vergegenständlichen trachtet. Das Absolute, dessen Unaussprechlichkeit nur vermöge der Dialektik der Innerlichkeit sich ins Endliche neigt und von ihm angerufen werden oder es ansprechen kann, verflüchtigt sich dann zum Objekt der ratio, die es in die Unendlichkeit verlegt, ohne diese als Transzendenz zuletzt noch abzuscheiden von der Immanenz des Endlichen. Und die durch jene existentielle Dialektik hergestellte Verknüpfung mit dem Transzendenten, die den bedingten Menschen in die Wirklichkeit hebt, verwandelt sich in die Dialektik des endlosen aber schlechtendlichen Prozesses, die aus dem bedingten Immanenzbereich sprunglos hinleitet zu dem nun von ihm ungetrennten Unbedingten. Durch die Verzerrung der in der Beziehung erfahrenen transzendenten Bestimmungen in die von der immanenten ratio gesetzten Ideen mögen ihm Ziele gewiesen sein, die ihm eine Richtung schenken und im Unendlichen zum Stillstand bringen, damit die ratio die Totalität ermesse; diese Ziele gelten aber nicht dem Gesamtmenschen, der sie erreichen könnte, wenn er sich zu ihnen verhielte, sie sind die um der Denkbarkeit der Totalität willen postulierten Endpunkte des rationalen Prozesses, der ein Ende hier darum nicht eigentlich finden kann, weil die ihn vollführende ratio infolge ihrer Verabsolutierung aus der gesamtmenschlichen Dialektik getreten ist, in der allein Halt geboten wird. Je nach der Art, in der die ratio sich ablöst, erleiden die Erscheinungen der Wirklichkeit andere Verzerrungen, bannen die abschlußhaften Systeme das Absolute verschieden ein. Gemeinsam ist ihnen allen, daß sie es überhaupt mitdenken und so die Erkenntnisse der Wirklichkeit verdrängen, die der Spannung zu ihm hin entfließen. Gesetzt, daß den Ansprüchen der autonomen ratio zum Trotz die Immanenzkategorien nicht doch durchbrochen werden und das Eigentliche mit ihrer Hilfe sich darzubieten sucht, so mag die ratio schließlich ganz in sich selber versinken, und das Ergebnis ist der Prozeß als solcher, der aus dem Nichts des Anfangs zur Totalität des Etwas vordringen will – ein Beginnen, dem das Ergebnis faktisch nur ein Vorwand bedeutet. Diesen entleerten Prozeß des seiner ontologischen Residuen beraubten Transzendental-Subjekts, der die durch die ratio atomisierte Immanenz wieder zusammenstückt, stellt der Detektiv-Roman ästhetisch dar. Er zieht sich in ihm freilich nicht ins Uferlose hin, sondern findet sein Ende, weil er die stilisierte Welt durchwaltet, der die ratio »hingegolten« ist.

Daß die Handlung als intellektuelle gedacht wird, beweist die Erscheinungsform des Detektivs. Ihm fehlt die Seele nicht nur, sondern sogar ihr Schein, und ist auch ästhetisch gefordert, daß er über einen Körper verfüge, so sind doch seine Aktionen weniger Unternehmungen der Gesamtgestalt, die den Körper umgreift, als der ratio, die notgedrungen im sinnlichen Medium sich erdrücken muß. Die Helden der älteren »Schmutz- und Schundliteratur«: Abenteurer, Räuber, Indianerhäuptlinge besaßen eine kräftige Konstitution, die sie Entbehrungen und Strapazen ertragen ließ und ihnen die Überlegenheit über den Gegner sicherte; soviel Charaktergröße und Schläue sie außerdem noch ihr eigen nannten, jene Wundertaten, die das Entzücken der Lesewelt bildeten, waren vor allem Taten ihrer Physis, reckenhafte Ereignisse, bei denen die mit List gepaarte Leibesgewalt in der Regel die Entscheidung gab. Nun ist gewiß auch der Detektiv als Sportsmann perfekt, und Lerbs (a.a.O.) bemerkt von ihm mit Recht: »Er bewegt sich auf dem Dach genauso gelenkig wie auf ebener Erde, er reitet, schwimmt und fährt Auto, er klettert wie eine Katze und schießt wie ein Tiroler Wilddieb.« Doch diese Fertigkeiten sind hier nicht die Selbstdarstellung ungebrochener Körperlichkeit, die in der Welt sich durchzusetzen versteht, sondern die Mittel der ratio, ihre Erkenntnisse zu verifizieren. Denn wenn sie überhaupt Anwendung finden, sind nicht eigentlich sie es, die dem Detektiv zum Sieg verhelfen oder auch nur Wendepunkte des Geschehens herbeizuführen vermöchten, die Handlung vielmehr besteht in den logischen Operationen, die der Ermittlung des Täters dienen, und die sportiven Evolutionen haben lediglich die ästhetische Aufgabe, diesen theoretischen Prozeß praktisch und sinnfällig zu bewähren. Sie entfalten sich, wenn die geistige Handlung bereits vollzogen ist, und statt eine Bedeutung für sich zu beanspruchen, erfolgen sie rein im Auftrag des vorandringenden Intellekts, dessen Wirksamkeit sie in der physischen Realität unterstützen, ohne daß sie von sich aus den Gang des Geschehens zwängen. Im Gegenteil: das Bestreben herrscht vor, auch sie noch auszuschalten und das ganze Verfahren des Detektivs aus der sichtbaren Erscheinung nach Möglichkeit zurückzunehmen, damit das Transzendental-Subjekt ohne Trübung erscheine. Die körperliche Tätigkeit des Helden unterbleibt, und der Schwerpunkt wird durchaus auf die Meditationen gelegt, die zuletzt ohne physische Anstrengung sich realisieren. Die Unbedingtheit der ratio verlangt diese Reinigung von dem Anteil der bedingten Kräfte, sie drängt, wo sie ästhetisch sich verkörpert, ins Körper- und Gestaltlose, da das Gestaltete ihr schon das Ergebnis kategorialer Formung ist. Fügte sie der Abhängigkeit sich, sie müßte in der Gestalt verbleiben, der das menschliche Zwischenwesen nicht entrinnen kann. So aber verzerrt die ratio das Übergestalthafte, das nur in der Beziehung zu ihm und nur in undringlicher Vermählung mit der Gestalt erfragt und empfangen werden mag, und setzt sich in Handlungen um, denen das Leibliche eine Hülle und die Hülle ein Übel dünkt.

Da der ratio als dem welterzeugenden Prinzip, als das sie am Ende sich weiß, nichts vorgegeben sein darf, bemüht sich der Detektiv-Roman darum, den intellektuellen Prozeß bei dem Nichts anheben zu lassen. Er nimmt seinen typischen Ausgang von dem »Es« der illegalen Fakten, einem versächlichten Befund, der schon von vornherein so beschaffen ist, daß er der intellektuellen Bewältigung des mit ihm aufgegebenen Rätsels keine Schwierigkeiten bereitet. Welche Tatsachen immer er umfasse: einen Mord, einen Einbruch, ein Verschwinden – stets ist er eine punktuelle Begebenheit, die aus den der ratio unfaßlichen gesamtmenschlichen Zusammenhängen gerissen ist. Wo die Verknüpfung vor sich geht, da wird das Geschehen einbezogen in die Person, deren Vorwehr Ereignis ist; im Detektiv-Roman wird das Geschehen isoliert von der Person, um es als Bestandstück der atomisierten Immanenz zu gewinnen. Die Begebenheit ist nicht der Ausdruck eines so oder so gearteten Seins, das sie entläßt und für das sie steht, sie ist nicht ein Zeichen für das Eigentliche, auf das sie hinzuweisen hätte, sondern sie erschöpft sich in sich selber, ohne etwas anderes noch zu meinen. Als ein Konglomerat von Tatsachenfetzen tritt sie an den Intellekt mit der Forderung heran, daß er die Verbindungen herstelle, die der Aufklärung harren. Diese Verbindungen lassen sich ihrer Intention nach rational durchaus erschließen; denn die Einheiten, deren Zusammenhang hier erfragt wird, sind nur mehr Reduktionen der wirklichen Geschehnisse, der Beziehung entfremdete Restbefunde, die im ästhetischen Medium Atome darstellen und des existentiellen Seins in der Spannung entraten, das ihre restlose raumzeitliche Verwebung zur Unmöglichkeit machte. Ist aber das gestaltete Leben aus ihnen gewichen, so mag der Rudimente die ratio sich bemächtigen und die Brücken schlagen zwischen den verdinglichten Gehalten, die auf ihren Sinn hin nicht angesprochen werden können. – Die Entstellung der Befunde wird durch die Beschränkung der Ausgangsfakten auf ein Minimum an Gegebenheit ergänzt. Es ist typisch für den Detektiv-Roman, daß die ratio ein Material vorfindet, dessen Dürftigkeit für den von ihr zu durchlaufenden Prozeß kaum einen Angriffspunkt zu bieten scheint. Um die wenigen Tatsachen, die ihr vorgesetzt werden, breitet sich zunächst ein undurchdringliches Dunkel, oder eine lockende Perspektive eröffnet sich, die gewiß in die Irre leitet und nur der Dummgläubigkeit der Kriminalpolizei eine Verführung bedeutet. Zu Beginn des Prozesses fehlen jedenfalls fast durchaus die Daten, die ihm eine Richtung erteilen könnten, und die etwa bewilligten Markierungen sind absichtlich so verwirrend angebracht, daß man glauben muß, der Stoff selber gewähre nicht die geringste Handhabe zur Ordnung seiner Zusammenhangslosigkeit. Diese Verschmälerung der Basis, von der die ratio abschwingen kann, entspricht dem jeder idealistischen Immanenz-Philosophie innewohnenden Bestreben des Anfangs bei dem Nichts. Das Objekt verliert die Gestalt, wenn das in den Himmel der Unbedingtheit gewachsene Transzendental-Subjekt die Gestaltung übernimmt, und der in die Erkenntnistotalität eingehende objektive Anteil droht, wie Lask gezeigt hat, zu verschwinden. Der Prozeß, der die Totalität herstellt, darf daher theoretisch mit Vorgegebenem nicht rechnen, in welchem Maß er es faktisch auch tue. Diese Ungegebenheit des Gegebenen wird im Detektiv-Roman zum Stilprinzip. Ja, er sucht nicht nur die Zahl der Fakten herabzumindern, die dem Intellekt als Anhaltspunkte dienen könnten, sondern schreitet zudem gerne noch mit seiner Reduktion der Befunde über das Nichts hinaus auf die negative Seite fort, indem er die Tatsachen so gruppiert, daß ihre Einverwebung in den Zusammenhang unmöglich erscheint. Die Seltsamkeit oder Widersprüchlichkeit der zu Beginn gelieferten Daten ist aber nur ein ästhetisch legitimer Kunstkniff, um den Erkenntnisprozeß abzulösen von der Haft im Material und die Selbstgenügsamkeit des transzendentalen Anfangs zu erweisen.

»Der Mörder ist ein junger, wenig mehr als mittelgroßer Mann. An jenem Abend war er sehr elegant angezogen, trug einen Zylinderhut und hatte einen Regenschirm bei sich. Seine Trabukozigarre rauchte er mit einer Zigarrenspitze...‹ – ›Das ist denn doch zu stark‹, platzte Gevrol (der Untersuchungsrichter) heraus. ›Mag sein‹, entgegnete Tabaret, ›aber es ist auch wahr. Vielleicht, Herr Gevrol, sind Sie bei Ihren Untersuchungen nicht so peinlich genau wie ich. Aber betrachten Sie jetzt nur gefälligst diese feuchten Gipsstücke; es sind Abgüsse der Schuhabsätze des Mörders. Die deutlichen Abdrücke befinden sich in der Nähe des Grabens, in dem der Schlüssel gefunden wurde. Auf diesem Bogen Papier nun habe ich den Abdruck des ganzen Fußes durchgezeichnet. Einen Abguß konnte ich leider nicht machen, denn die flüchtige Spur fand ich im Sande des Gartens. Man kann aber deutlich den hohen Absatz und hohen Rist, die schmale und kleine Sohle erkennen – die Fußbekleidung eines eleganten Herrn. Die Spur habe ich draußen auf der Straße noch zweimal und im Garten, den inzwischen niemand betreten hat, fünfmal gefunden. Nebenbei gesagt, beweist das noch, daß der Mörder nicht an die Tür, sondern an den Fensterladen geklopft hat, hinter dem er Licht sah. Nicht weit vom Eingang des Gartens ist er über ein Beet gesprungen. Die etwas tiefer eingesunkene Fußspitze läßt darauf schließen. Die zwei Meter hat er mit Leichtigkeit übersprungen. Er ist also sehr behend, mit andern Worten, noch sehr jung... Wundern Sie sich etwa darüber, daß ich von seinem Schirm weiß? Ich habe den Abdruck einer Schirmspitze bis zur Kapsel, die den Stoff festhält, gefunden. Hier sehen Sie den Abguß. Und in der Herdasche habe ich den Stummel einer Trabukozigarre gefunden. Sehen Sie doch nach, ob die Spitze der Zigarre auch nur im geringsten zerbissen ist. Oder merken Sie vielleicht, daß Speichel sie befeuchtet hat? Also kann sie nur mit einer Zigarrenspitze geraucht worden sein.‹« – Diese Zeilen aus Gaboriaus »Das Alibi«, die den bereits genannten Tabaret (vgl. S. 60) bei der Arbeit zeigen, gewähren Aufschluß über die typische Abwicklung des entscheidenden Prozesses selber. Er spiegelt im Bereich des Ästhetischen die Spontaneität der ratio wider, die das zerpulverte Anschauungsmaterial gemäß den dem Erkenntnissubjekt innewohnenden Prinzipien in einen gesetzlichen Zusammenhang bringt. Und zwar beweist das (beliebig herausgegriffene) Beispiel zunächst, daß das Bestreben herrscht, den Stoff zum Mannigfaltigen der Anschauung zu entformen. Verbietet sich auch der Rückgang auf das Chaos der Sinnesempfindungen, so wird doch immerhin das Gegebene bis zur ästhetisch zulässigen Grenze als Ungestalt dargestellt, die erst der Intellekt durch seine Formkraft zum Gegenstand wandelt. Der Detektiv-Roman beraubt aber den Stoff dadurch seiner Eigengestalt, daß er ihn zur Passivität verurteilt und überdies ihn vor dem Zugriff der ratio noch fliehen läßt. Die Stiefel- und Schirmabdrücke, aus denen Meister Tabaret seine Folgerungen zieht, muß er sich mühsam zusammensuchen, und der Zigarrenstummel, der seine Hypothese vervollständigt, verbirgt sich vor Späherblicken unter der Herdasche gar. Diese Flucht des Stoffes vor dem Zusammenhang degradiert ihn zum bloßen Material, das in sich selber keine Ordnung hat, vielmehr, um Form zu gewinnen, der Verarbeitung durch den Intellekt bedarf. Das Objekt erleidet eine radikale Destruktion, damit das Transzendental-Subjekt als Gesetzgeber sich bewährt. Ihm werden denn auch in der ästhetischen Stilisierung die Kategorien zugeschoben, durch die es den Gegenstand erzeugt. Jene fixierten psychologischen Einzelzüge, aus denen im Detektiv-Roman wie in einem Legespiel die Figuren sich bilden, sind bereits an anderer Stelle (vgl. S. 33) als eine Art von negativer Ontologie begriffen worden. Und gewiß handelt es sich bei ihnen um letzte Residuen des aus der Spannung entsunkenen Seienden, die von dem ästhetischen Gefüge als nicht weiter tilgbare objektive Gegebenheiten hingenommen werden. Wie man sie aber ontologisch als Objektsbeschaffenheiten auffassen kann, so kann man sie zugleich auch als Repräsentanten der dem Subjekt inhärierenden Kategorien verstehen, die ihm die Herstellung des Immanenz-Zusammenhanges ermöglichen. Diese Doppelbedeutung als ontologische und kategoriale Bestimmungen erlangen sie durch ihre der Frage entrückte Fixiertheit, die es gestattet, bei ihnen die Kette der Bedingungen abzubrechen und sie nun ihrerseits zu Bedingungen der Erfahrung zu machen. Sie verhalten sich darin wie die synthetischen Urteile a priori, die sich ebenfalls in zwiefachem Sinne interpretieren lassen: einmal als äußerste Generalisierungen der erfahrenen Wirklichkeit, zum andern als Inbegriff der die Erfahrung konstituierenden Erkenntnisse des Transzendental-Subjekts. Alle jene Bestimmungen, die Kant als synthetische Urteile a priori angesprochen hat, die der Anschauung sowohl wie des Verstandes, sind zugleich ontologische Restbestände; nicht so, als ob sie nun reine Beschaffenheiten des Objekts seien, aber sie haften auch nicht ausschließlich dem Subjekte an, sondern haben ihre Geltung als Bestimmungen des in der Spannung erfahrenen Seienden, als Bestimmungen mithin, die der Bedingtheit unterworfen sind und von denen sich, da sie in der Beziehung gefunden werden, die das Ich unzertrennlich einbindet in das Seiende, schlechterdings nicht aussagen läßt, ob und bis zu welchem Grade sie dem Subjekt oder dem Objekt angehören. Ihr Allgemeinheitsgrad freilich ordnet sie einem allgemeinen Subjekte zu, das aus der Einzelheit getreten zu sein scheint, und prägt ihnen den Charakter unbedingt gültiger Erkenntnisse auf. Dieser Charakter, der sie zuletzt und graduell von den auf die Person bezogenen Einsichten unterscheidet, wird nun dadurch zu einem prinzipiellen erhoben, daß man sie zur Deckung bringt mit den allein im Subjekt gegründeten axiomatischen Idealgebilden, die sich beliebig entfalten mögen. Ein Verfahren, das die Nabelschnur zwischen dem Ich und der Welt zerreißt und, wie es den in der Beziehung gegebenen Gegenstand zum Mannigfaltigen entleert, das zum logischen Bezugspunkt reduzierte Subjekt als den Schöpfer des Gegenstandes begreift. Sosehr aber das Ich befugt ist, die Welt vermöge der ihm innewohnenden Kräfte mitzunehmen und in allen Sphären sie zu gestalten – die Philosophie seit Descartes hat, im großen gesehen, das Verdienst, den Anteil des Ichs ganz herausgestellt zu haben –, so gewiß verbietet sich die Inanspruchnahme der Weltkategorien durch die ratio, die den Gegenstand vernichtet, wenn sie sich anmaßt, das Phänomen zu erzeugen. Von der Anerkennung der Tatsache, daß dem Geschaffenen gegeben ist, in der Beziehung zum Gegenstand diesen zu erfahren, bis zu der Übertragung der Kategorien auf das sich unbedingt setzende Subjekt ist nur ein kleiner Schritt; aber eben dieser Schritt führt aus dem Miteinander von Ich und Welt heraus. Denn es ist ein anderes, ob das Ich die ihm zugeteilte Möglichkeit der Formung zur Gestaltung des mit ihm Gestalteten verwendet, ob es also gerade als Erzeuger gezeugt sich weiß und darum der Spannung nicht vergißt, die ihm das Absolute zu vergegenständlichen untersagt, oder ob das Ich jene Möglichkeit auf sich herniederzieht und den Hervorgang des Gegenstandes aus der gleichen Quelle bestreitet, der es selber entstammt. In dem einen Falle wird die Grenze innegehalten, die der Erkenntnistheorie gesetzt ist, es bleibt in der Schwebe, welchen Beitrag Objekt und Subjekt zur Erkenntnis stiften, da die genaue Zuteilung dieser Beiträge das Subjekt hinaushöbe über sich selber. In dem anderen Falle wird die Identitätssetzung vollzogen; die Kategorien erscheinen als Vermögen des Transzendental-Subjekts, und damit ist eine Bestimmung getroffen, die das gerade, was in der Beziehung zum Unbedingten nicht erkannt werden kann, erkenntnismäßig erledigt. Die Erhebung der ratio aber hat zur Folge, daß das Transzendental-Subjekt jene ontischen Fixierungen an sich reißt, die dem Ich nicht allein gelten, und sie in einen Stand der Unbedingtheit versetzt, die sie aus Seinsbestimmungen in Prinzipien der Seinserzeugung verwandelt – in Ausflüsse der ratio, die nicht mit der Welt zusammen dem sie Bedingenden untersteht, sondern die Welt aus dem Nichts hervorzubringen behauptet, in das sie versinkt. Wenn Tabaret aus dem Abdruck eines hohen Absatzes und eines hohen Ristes, einer schmalen und kleinen Sohle ohne weiteres den Schluß zieht, es handle sich hier um die Fußbekleidung eines eleganten Herrn, wenn er aus der Sprungbehendigkeit des zu ermittelnden Individuums sans façon seine große Jugend folgert, so weist die Selbstverständlichkeit, mit der er die einzelnen Fakten einander zuordnet, darauf hin, daß die von ihm eingesetzten völlig auf die Subjektseite herübergewandert sind und nun als synthetische Urteile a priori gelten, die in dem Mannigfaltigen die Verbindung herstellen. Er liest sie nicht ab aus dem vorgeformten Gegebenen, sondern er setzt sie voraus; die Welt ist ihm nicht ein bereits in sich gegliedertes Ganzes, sondern das Ganze wird gebildet durch die Aufreihung des Atomgemenges der Tatsachen gemäß den kategorialen Bestimmungen, über die das Subjekt verfügt. Während dort, wo Verknüpfung statthat, der Geist mit dem Geiste, die Seele mit der Seele, das Gestaltete mit dem Gestalteten ringt, ist hier entscheidend die Formung des Ungestalteten, die keine Gestalt zu erringen vermag.

Kraft ihres Besitzstandes an Kategorien erwirkt die durch den Detektiv personifizierte ratio die Verbindung zwischen den Teilen des Mannigfaltigen; die Einheit des Immanenz-Zusammenhangs wird erschlossen durch die Idee. Das Ästhetische muß das Ergebnis des progressus ad indefinitum vorwegnehmen und den gesetzmäßigen Zusammenhang in seiner Vollendung erstehen lassen, weil es die Totalität zu verkörpern hat. Da es aber zugleich auch die Verzerrungen einsichtig macht, die das Wirkliche in den niederen Regionen erleidet, verwickelt der stilsichere Autor in der Regel seine Detektiv-Figur in eine prinzipiell unabschließbare Reihe von Abenteuern, um so die Endlosigkeit des Prozesses vorzuführen. Die regulativen Ideen, die »Leitbegriffe für die Richtung der Verstandestätigkeit« sind und, wie Kant sich ausdrückt, zum »Aufsteigen in der Reihe der Bedingungen bis zum Unbedingten« dienen, treten im Detektiv-Roman als die heuristischen Prinzipien auf, die der Detektiv dem Ermittlungsverfahren zugrunde legt. Wäre die ratio in der Wirklichkeit irgend mitverhaftet, sie vermöchte wohl die Totalität nicht anders zu denken als hinzielend auf die Ideen Gottes, der Freiheit und der Unsterblichkeit, in denen die Seinsbestimmungen, die jene Wirklichkeit konstituieren, überdeckt sich wiederfinden; ganz zu sich selbst gekommen aber, wie sie im Detektiv-Roman sich enthüllt, erscheint ihr die Totalität nur noch als der Immanenz-Zusammenhang an sich, dem kein Sinn eignet, und die Idee geht auf und unter in der Vorausschau dieses Zusammenhangs, ohne daß sie die rationale Tätigkeit in eine Dimension des Sinnes verweise. Holmes hat kaum von dem Ausgangsbefund Notiz genommen, so versinkt er in ein schöpferisches Brüten, dem die Idee entsteigt, die Einheit in der Mannigfaltigkeit stiftet, und ehe der gute Watson den Zusammenhang noch ahnt, handelt der Meister bereits aus dem Bewußtsein der Totalität, reiht auf Grund der Idee von ihr die Teile verschwiegen zusammen.

Die Idee weist die Richtung, die der Prozeß vom nichtigen Anfang an einzuschlagen hat; das immer wiederkehrende Mittel seiner Durchführung ist die Verkleidung. Der Detektiv legt die Maske an, die ihn zu einem anderen macht, um den Beweis für seine Theorie zu erbringen und den Zusammenhang in seiner Vollständigkeit aufzuzeigen. Jene Sphäre, in der die Verknüpfung geschieht, kennt die Verkleidung weder als Möglichkeit noch als Mittel. Als Möglichkeit nicht, weil der Gesamtmensch in einer Beziehung zu dem Oberen steht, die *er* nur austragen kann und deren Ausschließlichkeit ihre Identifizierung mit irgendeiner sonstigen Existenz nicht duldet; wird aus der Kraft der Innerlichkeit gelebt, so ist der Einzelne nicht zu verwechseln, denn niemand vermag sich einzusetzen als er allein. Als Mittel nicht, weil kein Zweck gegeben ist, dem es zu dienen hätte. Die Umkehr wird bedingt durch die Einkehr, und ist ein Mittler: wie anders sollte er eingreifen als dadurch, daß er dem Umkehrenden den Weg zu seinem wirklichen Sein erschließt? Dieses verwandelnde Wissen mag in das Selbst eindringen, es hinzuspannen und mitzunehmen; ein Seiendes aber in ein anderes zu verwandeln, verbietet sich der Undurchdringlichkeit des Seienden wegen. Die Person zu vertauschen, hieße sie aus der Beziehung reißen, die ihren Ort bestimmt, und sie vergegenständlichen zu einem Schemen der entwirklichten Zeit. Solange aber die Existenz intendiert wird, ist das Selbst keine Figur, die beliebig verpflanzt und nachgeahmt werden könnte, sondern eine Entität, die nur in der Verbundenheit sich zu erkennen gibt und bestehenbleibt, auch wenn sie sich ändert. Von dem Platz, den sie einnimmt, wäre sie dann allein zu bewegen, wenn die Innerlichkeit verflöge, die sie über die Zeit hinausrichtet und ihrer zeitlichen Erscheinung damit die Existenz verleiht; doch sie behauptet sich eben durch diese Innerlichkeit, die das zeitliche Geschehen zum einzigen und unwiederholbaren macht und das Heraustreten aus der Zeit in das andere Selbst als einen Schein entlarvt – als Trug der Entselbsteten, die dem Überzeitlichen so verloren sind wie der Zeit. Wie aber das Seiende, das währt, der Verkleidung spottet, die es seinem Ort entrückt, so fordert es die Eröffnung an seinem Orte, die Versenkung, die es heraufholt aus seinem Grunde. In der Verknüpfung erscheint die Person in ihrer Selbstheit, hier und jetzt hat sie ihre Stelle, das Innere ist aufgetan und das Phänomen unverwechselbar, so gleich es überall ist. Der Wesenstausch vermöchte die Verknüpfung nicht zu bewirken, sie vielmehr bewirkt seine Unmöglichkeit, verneint der Tausch doch das Wesen, das sie aus seinen Schalen befreit. Das Verdunkelte zu klären, hüllt wohl das Klare sich ein. Christus erniedrigt sich nach Kierkegaards Auffassung, damit er um seiner selbst willen geliebt werde, Harun al Raschid durchwandert ungekannt die Straßen Bagdads, um zu erforschen, was er als Eröffneter nimmer vernähme. Dieses Inkognito des Hohen meint die Verhülltheit der Transzendenz, ihre Ungegenständlichkeit, durch die sie nur in der Verknüpfung erfahrbar wird. Erglänzt dann freilich das Licht, so scheint das Göttliche selber eingebrochen, und je nachdem die Wesen sich zu ihm verhalten haben, wird ihnen ihre Bestimmung zuteil. Doch das Inkognito ist keine Verkleidung, die das eigene Wesen ablegte, sondern seine Ummantelung zur Entblößung der andern. Das Jenseitige oder dessen ästhetische Darstellung wird diesen andern in der Erscheinung nicht kund, sie müssen sich hinspannen zu ihm, ohne es zu gewahren. Der Sinn des Inkognito ist also gerade das Offenbarwerden der Innerlichkeit, die Aufforderung an das Seiende, in der Wirklichkeit zu sein – kein Erkenntniszweck, ein Heilssinn verbindet sich mit ihm. Daß es in den Sphären der Wirklichkeit niemals zu einer Verwechslung der Seelen kommt, beweisen die Fälle, in denen sie angenommen wird. Man schreibt die Fähigkeit, eine beliebige menschliche Gestalt vorzutäuschen, gemeinhin den Göttern oder dem Satan zu, und ob nun die Metamorphose in teuflischer Absicht erfolge oder das Gute herbeiführe wie die Erscheinung der Jungfrau als Ritter Zendelwald, stets wird sie als Wunder gedeutet, das auf natürlichem Wege nicht stattfinden könne. In der Mythologie und den Märchen allein, denen die Realität keine Grenze bedeutet, hat das abgründige Motiv des Gestaltentauschs sich bewahrt, und es ist durchaus begreiflich, daß die Phantasie des Volks das Phänomen des Doppelgängers von je als unheimlich erfährt. Der Bereich des Existierenden schließt die Verwirrbarkeit der Wesen aus, da ihn die

Wesenhaftigkeit des Seienden konstituiert. Emanzipiert die ratio sich, so wird das Wesen übergangen, das in der Beziehung reift, und die spannungslosen Figuren setzen aus fixierten Einzelzügen sich zusammen. Sie haben kein Außen, das die vieldeutige Erscheinung ihres Innern wäre, sondern sie sind das Außen, in dem ihr Inneres eindeutig verschwindet. Kompositionen aus erstarrten Elementen, die zu fragloser Sicherheit gedeihen, lassen sie sich ohne Rest kopieren, zumal bei ihnen auch die Ortsbestimmtheit den Sinn einbüßt, den sie bei den Gesamtmenschen hat. Tritt unter der Herrschaft der ratio an die Stelle der Verknüpfung die Frage nach dem Immanenz-Zusammenhang, so muß der Eröffnung des Selbstes, die der Umkehr dient, die Verkleidung des Detektivs entsprechen, die der Durchführung des rationalen Prozesses gilt. Sie hilft nicht die Wesen erschließen, sie fördert vielmehr die Erkenntnis der Verbindungen, die zwischen den Teilgliedern der gesuchten Totalität bestehen; sie stößt nicht auf Widerstand bei irgendeinem Seienden, das sich seiner Vortäuschung entzöge, sie erschleicht nur das Aussehen von Konfigurationen, die als atomisierte Begebenheiten nicht seiend mehr sind. Sherlock Holmes röchelt in der Rolle eines Sterbenden so unnachahmlich, daß sogar der getreueste Watson sein Ableben befürchtet, und Arsène Lupin gar, der elegante Geistesbruder des großen Engländers, wird durch die Mittel neuzeitlicher Kosmetik in den Stand gesetzt, jede Figurine, ob Jüngling oder Greis, peinlich genau wiedererstehen zu lassen. Gleicht in der Wirklichkeit nicht ein Wesen dem andern, so ist der Eine hier jedermann. Diese Zauberkunst, die in der entzauberten Welt des Detektiv-Romans kein Wunder mehr ist, gestattet dem Detektiv, die Idee der Totalität, die er in sich trägt, in der Realität nachzuprüfen. Insofern er nicht einfach sich maskiert, um die Abfälle aufzulesen, die zufällig an seinem Wege liegen, sondern die Metamorphose in der Absicht vornimmt, jene fehlenden Glieder zu finden, deren seine Theorie zu ihrer Bestätigung bedarf, wird er durch die Verkleidung zu einem Experimentator, der einen willkürhaft angesetzten Versuch kontrolliert. Das Experiment gehört derselben Sphäre an wie die Verkleidung, es setzt gleich ihr das Auseinandertreten von Objekt und Subjekt voraus und ist möglich nur unter der Bedingung, daß die autonome ratio die kategoriale Formung des gestaltlosen Mannigfaltigen übernimmt. Um die Unbedingtheit des Detektivs dem Stoff gegenüber zu erweisen, betraut ihn denn auch das ästhetische Gebilde bei dem Vollzug des von ihm zu durchmessenden Prozesses mit der Durchführung von Experimenten, die seine Ermittlungen der Gebundenheit an die Befunde entheben und der Idee eine konstituierende Bedeutung für den gesetzmäßigen Zusammenhang verleihen. Er könnte aber keine Versuche anstellen, die ihm Aufschluß über die Richtigkeit seiner Theorie erteilen, wenn seine Freiheit, über das Gegebene zu verfügen, einer Einschränkung unterworfen wäre. Die Verkleidungsfähigkeit ist der ästhetische Ausdruck dafür, daß der Detektiv nirgends mehr auf Schranken des Seienden stößt. Wo sie besteht, da ist das Miteinander von Ich und Welt zur reinen Herrschaft des Transzendental-Subjekts über das Mannigfaltige geworden und damit die Möglichkeit des Experiments erst verbürgt, die bedingt wird durch den Eingang der Elemente des Gegebenen in den vom Subjekt gezeigten Zusammenhang. Indem der Detektiv sich in beliebige Figuren verwandelt, bestätigt er sinnfällig, daß er nicht in der Sphäre weilt, in der die in sich gestalteten und darum unwiederholbaren Wesen existieren, sondern eine Umwelt durchwaltet, deren Figuren jederzeit reproduzierbare Gegenstände sind. Gewiß, das Experiment erfordert nicht durchaus und immer, daß die Maske ihn berge; aber die Widerstandslosigkeit gegen seine Verwandlung allein läßt das Experiment in seinem ganzen Umfange zu. Denn nur dann, wenn er als Zeuge, selber unbeobachtet, den

Ablauf der von ihm arrangierten Begebenheiten beobachten kann, sind die Einflüsse, die das gewollte Spiel des Objekts stören könnten, so radikal beseitigt, wie die Idee des Experimentes es erheischt.

Dem Experiment muß der Zufall zu Hilfe kommen, damit der Prozeß sich vollende. Der Zufall ist im Detektiv-Roman kein psychologischer Begriff, der nur maßgebend für die Art des Ermittlungsverfahrens wäre und seine Bedeutung angesichts des totalen Zusammenhangs verlöre, sondern die Verzerrung einer Bestimmung, die der Wirklichkeit gilt. Er wird darum stets angesetzt, um das Experiment zu ermöglichen, zu erleichtern und zu ergänzen, und regiert er auch nicht das Handeln des Detektivs, das der Idee entspringt, so tritt er doch an die Stelle des Sinnes, auf den das Geschehen keinen Anspruch erhebt. Zufall sind, ästhetisch genommen, die Begebenheiten als solche, die Spuren, die sie hinterlassen und ihre Verquickungen; denn daß sie mit Absicht so oder so angeordnet sind, um in den rational einsichtigen Zusammenhang einzugehen, läßt ganz die Sinnhaftigkeit außer Betracht, die ihnen zu eignen hätte, wenn sie dem Zufall enthoben sein sollten. Die Glieder des Prozesses reihen sich der Intention nach gewiß lückenlos aneinander, aber wie ihre methodische Kombination auf den günstigen Zufall angewiesen ist – den gleichen »Zufall«, der dem Erfinder begegnet –, so herrscht Zufall überall, wo man in dieser Sphäre Bedeutung freilich nicht erwartet. Der Zufall wird also nicht zufällig eingeführt, er füllt vielmehr in dem von der ratio unterjochten Gebiet eine Lücke aus, die er nicht erfüllt. – Handelte es sich bei der von dem Detektiv aufzusuchenden Totalität um ein der meßbaren Zeit eingeordnetes Ganzes nach Art der naturwissenschaftlichen Zusammenhänge, die sich in keine Dimension des Sinnes erstrecken, von Zufall dürfte die Rede nicht sein. Denn wird das Mannigfaltige nur insoweit einbezogen, als es dem Kausalgesetz untersteht, so ist er von vornherein ausgeschlossen, da die Formung des Geschehens sich in seiner kausalen Zuordnung erschöpft. Nun sind die rational zu verknüpfenden Befunde des Detektiv-Romans gar nicht Begebenheiten, die auflösbar wären in Fakten der meßbaren Zeit, sondern Handlungen und Gehalte, die etwas meinen und darum der rein kausalen Aufreihung sich verweigern. Die Figuren und ihre Bewegungen stehen in einem Sinnzusammenhang, der nicht dulden kann, daß man ihn aus den sinnleeren Kausalverkettungen rekonstruiere, sie sind individuelle Bedeutungseinheiten, deren Folge sich aus bedeutungsleeren Allgemeinfaktoren nicht ableiten läßt. Wenn das ästhetische Gebilde dennoch versucht, sie als Glieder des rationalen Prozesses darzustellen, in dem ihre Bedeutung unerfragt bleibt, so kann es sein Ziel durch den Einsatz jener negativ-ontologischen Fixierungen zu erreichen trachten, die als synthetische Urteile a priori ihre Bedeutung verlieren. Indessen, wie immer das Gemeinte abgelöst werde von den Gegebenheiten, sein Untergang in der Rationalität des Prozesses ist Schein. Da die Figuren Entstellungen des auf den Sinn bezogenen Gesamtmenschen sind, muß dieser in die Wirklichkeit hebende Sinn selber in den niederen Regionen seine Entsprechung finden. Der Gesamtmensch erfährt die sinnhafte Wirklichkeit – seine eigene und so die der Welt – in der Spannung, die ihm eine Determinierung ihres Ablaufs verwehrt. Die Totalität ist ihm nicht Gegenstand, er richtet sich vielmehr auf ihre Bedingung aus, und die Paradoxie des Existierens besteht eben darin, daß, da die Entscheidung des Menschen in der Frage liegt, jede Antwort eine andere fordert, ohne daß aus den antinomischen Aussagen die Antwort auf jene Frage sich ergäbe. Das Geschehen der Wirklichkeit ist daher von keinem Begriff aus zu erfassen, dessen abschlußhafter Charakter sein existentielles Verhaftetsein in der Sinnbezogenheit überspringt. Nähme man an, der Ablauf des sinnhaften Geschehens erfolge aus Freiheit, so wäre er der Bedingtheit enthoben und über die Spannung hinausgewachsen; verlegte man seinen Grund in die Notwendigkeit, so wäre er umgekehrt aus der Spannung entsunken und von nicht minder unbedingter Art. Der eine Bescheid setzt, schematisch ausgedrückt, den reinen Geist, der nicht ist, der andere die reine Materie, die nicht nur ist; beide überdies setzen sich selber. So gewiß man nun, hier die Bedingtheit aufhebend, dort auf die Bedeutung verzichtend, mit den Grenzfällen eines frei sein Ziel bestimmenden Ablaufs und eines dem Kausalgesetz hörigen Geschehens arbeiten kann, die eigentliche Wirklichkeit, der das menschliche Mittelwesen angehört, ist keiner Bestimmung zugänglich, die nach der einen oder anderen Seite sie um ihr Sein in der Spannung verkürzt. Wie sie als Zusammenhang wesensmäßig einmaliger sinnhafter Ereignisse nicht aus der kausal notwendigen Verbindung sinnentleerter Elemente der meßbaren Zeit begriffen werden kann, so entzieht sie sich der Interpretation, die ihre Abhängigkeit in ihrer Bedeutung verschwinden läßt. Der Grund ihrer Entfaltung ist dem autonomen Bewußtsein nicht offenbar, denn anders als in der Beziehung auf das Letzte findet der Gesamtmensch nicht die Wirklichkeit, die in der Spannung allein sich konstituiert. Ist aber die Wirklichkeit nicht ein Zusammenhang der reinen Bedeutungen, noch ein Zusammenhang von kausaler Notwendigkeit, sondern der Grund ihres Ablaufs mit dem Unbedingten eins, das sich der Frage des ausgerichteten Wesens mitteilen mag, so muß der Grund den Namen der Vorsehung tragen, der die Führung bezeichnet, oder auf den Stufen der Durchdringung den des Schicksals, der die Fügung benennt. Mit beiden Worten jedenfalls ist die Verwandlung des Unbedingten, das den Weg des Geschehens bedingt, in ein vergegenständlichtes Prinzip abgewiesen; beide erfassen – und darauf allein kommt es hier an – die den Wirklichkeitszusammenhang regelnde Macht als ein in Identitätssetzungen unauflösbares Walten, das nur in der Beziehung erfahrbar ist. Es heißt Vorsehung, wenn die Kreatur sich in der Hut der göttlichen Person geborgen weiß; es wird Schicksal genannt, wenn der im Dunkel harrende Mensch sich seinem verborgenen Sinn unterwirft. Aber gleichviel, wie es sich darstelle, es ist ein Unerforschliches im Goetheschen Sinn, zu dem man in Existenz zu verhalten hat, um es an seinem Ort zu gewahren. Indem so der Grund der Wirklichkeit begriffen wird, ist er in der Wirklichkeit ergriffen, und kein leerer Zufall kann walten, solange das Walten dem Menschen nicht zufällt. Raum gibt ihm erst das auf dem Autonomie-Anspruch beruhende Denken, mag es auch, jene in der Spannung hingenommene Leitung des Geschehens noch als Idee aufbewahrend, den Immanenz-Zusammenhang in die Dimensionen des Sinnes verweisen. Kants Auskunft auf die Frage nach dem Grund der Wirklichkeit, die jede existentielle Antwort in der Frage der Existenz erhält, ist die kausale Notwendigkeit der Erscheinungswelt und die Freiheit des Intelligiblen, eine Auskunft, die zwar den Grund als einen Grund auch der Totalität sinnhaften (d. h. aus Freiheit gewirkten) Geschehens anerkennt, ihn aber nicht als eine auf den Gesamtmenschen auftreffende und jeweils in der Spannung sich erfüllende Bestimmung gelten läßt, sondern ihn wiederfindet in einem allgemeinen Prinzip, das rein an dem Subjekt angreift und die Wirklichkeit nicht umfangen kann, weil es die ratio umfängt. Es ist die Tiefe der Kantischen Lösung, daß sie, die Apriorien sorgsam von der ontologischen Erfahrung abhebend, zu der reinen die praktische Vernunft, zu der Notwendigkeit die Freiheit gesellt und so die existentielle Gegebenheitsweise des Grundes der Wirklichkeit nachzuzeichnen sucht. Doch die getreue Übersetzung des Grundes in Freiheit und Notwendigkeit ist zugleich seine Verzerrung, denn der in der Spannung sich gebende Grund des Geschehens ist wohl infolge des Ausgerichtetseins auf ihn ein Ineinander von Freiheit und Notwendigkeit, läßt sich aber in das antinomische Begriffspaar nur unter der Bedingung reinlich zerlegen, daß die Spannung getilgt werde, die ihn sichtbar macht. Diese Zerlegung ist eine von der autonomen ratio vorgenommene Identitätssetzung, durch die gerade das vom Menschen aus nicht Bestimmbare aus der Transzendenz in die Immanenz hereingezogen und hier eindeutig zugeordnet wird. Da nun die Wirklichkeit sich allein durch das Verhalten des Menschen zum Unbedingten konstituiert, können die das Existieren ausschaltenden Erschließungen des Grundes die Wirklichkeit nicht bezeichnen. Ist demnach die Wirklichkeit gemeint, so müssen sie dem Zufall seine Stelle gewähren. Bei Kant wird der transzendente Grund, der nur in der Beziehung zu ihm zugänglich sein mag, nicht allein eingeebnet zu der Freiheit des Intelligiblen und der Notwendigkeit des Phänomenalen, Freiheit sowohl wie Notwendigkeit werden auch rein als Bestimmungen des Subjekts gedacht. Der Zufall, der sich einschleicht, weil die Prinzipien die Wirklichkeit entschlüpfen lassen, liegt hier also auf der Seite des Objekts. Was den Kausalzusammenhang betrifft, so ist nach Kant die Tatsache, daß überhaupt etwas gegeben ist, ein Zufall; zufällig bei ihm auch die Bedeutungstotalität, insofern heteronome und materiale Prinzipien ihr das Gesetz zu geben trachten. »Worin nämlich«, heißt es in der »Kritik der praktischen Vernunft« (Erstes Hauptstück, Anmerkung II zu § 3, Lehrsatz II), »jeder seine Glückseligkeit zu setzen habe, kommt auf jedes sein besonderes Gefühl der Lust und Unlust an, und selbst in einem und demselben Subjekt auf die Verschiedenheit des Bedürfnisses, nach den Abänderungen dieses Gefühls, und ein *subjektiv notwendiges Gesetz* (als Naturgesetz) ist also *objektiv* ein gar sehr *zufälliges* praktisches Prinzip, das in verschiedenen Subjekten sehr verschieden sein kann und muß, mithin niemals ein Gesetz abgeben kann ...« Und ein paar Sätze weiter findet sich die lehrreiche Aussage: »Aber gesetzt, endliche vernünftige Wesen dächten auch in Ansehung dessen, was sie für Objekte ihrer Gefühle des Vergnügens oder Schmerzens anzunehmen hätten, im gleichen sogar in Ansehung der Mittel, deren sie sich bedienen müssen, um die ersteren zu erreichen, die andern abzuhalten, durchgehends einerlei, so würde das *Prinzip der Selbstliebe* dennoch von ihnen durchaus für *kein praktisches Gesetz* ausgegeben werden können; denn diese Einhelligkeit wäre selbst doch nur zufällig.« Läßt Kant den Zufall bestehen, der bedingt wird durch die autonome Setzung des Prinzips der Totalität, so bringt Hegel ihn scheinbar zum Verschwinden, wenn er die von ihm intendierte Wirklichkeit dem Zwang des dialektischen Prozesses unterwirft, der seinen Abschluß hat. Der sinnhafte Zusammenhang des wirklichen Geschehens entrollt sich bei ihm mit strenger Notwendigkeit, jedem Ereignis ist der Ort gewiesen durch die von ihrem Zielpunkt her erkannte material-logische Evolution. Zu seinem aus der gesetzten Koinzidenz des Logischen mit dem Faktischen entspringenden Satze von der Vernünftigkeit alles Wirklichen hätte indessen Hegel nur das Recht, wenn seine Vernünftigkeit die Wirklichkeit träfe. Da er aber als zusammenhangstiftendes Prinzip der Bedeutungstotalität das Kantische Sollen unterschlägt oder vergleichgültigt, das an die Freiheit appelliert, und in den Grund allein die Notwendigkeit verlegt, die sich aus jener Identitätssetzung der dialektischen Bewegung mit dem für wirklich gehaltenen Geschehen ergibt und ihren Einfluß erlistet, wo er nicht legitim ist, entgleitet ihm eben die Wirklichkeit, deren Erfahrung auf dem existentiellen Verhalten zu ihrem Grunde beruht. Von dem Zufall sie zu entheben, überspringt er die Bedingtheit, in der sie entsteht, und konstruiert ihre Notwendigkeit von dem Ende her, auf das sie sich auszurichten hat. Wirklich nennt er darum nur das Seiende, das mit der Idee übereinstimmt, während ihm die Wirklichkeit des Irrtums, des Bösen »und was auf diese Seite gehört« ein Zufall dünkt. ». . . das

Zufällige ist Existenz, die keinen größeren Wert als den eines Möglichen hat, die so gut nicht seyn kann, als sie ist.« (»Encyclopädie der philosophischen Wissenschaften im Grundrisse«, I. Teil: Die Logik. Einleitung; § 6) Damit aber schaltet er den Zufall nicht aus, sondern verfehlt die Wirklichkeit, wie Kierkegaard in seiner von der Schul-Philosophie unbeachtet gebliebenen Hegel-Polemik bündig erweist. »Ein *System* des Daseins«, bemerkt er in den »Philosophischen Brocken« (Werke, Bd. 6, Diederichs, Jena 1910, S. 203), »kann nicht gegeben werden. Also gibt es ein solches nicht? Keineswegs ... Das Dasein ist selbst ein System für *Gott,* aber kann es nicht für einen existierenden Geist sein. System und Abgeschlossenheit entsprechen einander, aber Dasein ist gerade das Entgegengesetzte ... Das Dasein ist das *Spatiierende,* das auseinanderhält, das Systematische die Abgeschlossenheit, die zusammenschließt.« Die Kierkegaardsche Innerlichkeit wird ungleich genauer als im Hegelschen System von Kant erfaßt, der ihre Beziehung zum Grunde nur um des Anspruchs der Vernunft willen als Enthüllung des Grundes denken muß, aber mit wundervoller Prägnanz die Unauflöslichkeit des Verhaltens zu ihm in die es darstellende begriffliche Antinomie transformiert. Ist ihm so auch die Zufälligkeit des Gegebenen wirklich und nicht möglich nur, so wird seine Einbeziehung des Zufalls in die Wirklichkeit dieser doch gerechter als die Hegelsche Ausweisung des Zufalls in den Bereich des Möglichen. Wenn freilich die ratio sich in der Sinnlosigkeit verliert, bleibt Notwendigkeit allein dem Immanenz-Zusammenhang erhalten, der die Bedeutung nicht meint, und da weder die intelligible Freiheit Kants in die kausal verknüpfte Erscheinungswelt bricht noch die Bedeutungstotalität sich durch den dialektischen Prozeß bestimmen läßt, ist die eigentliche Wirklichkeit dem puren Zufall preisgegeben, geht also in den von der ratio konstruierten Zusammenhang überhaupt nicht mehr ein. Der Detektiv-Roman in seiner Ausgangsposition verdeutlicht die vollendete Entwirklichung dadurch, daß er die entscheidende Handlung des Sinnes beraubt und das seiner Intention nach sinnhafte Geschehen dem Zufall unterstellt.

Der Charakter des Selbstzwecks, den der rationale Prozeß im Detektiv-Roman annimmt, wird nicht selten ausdrücklich bestätigt. Der Theoretiker Karl Lerbs (a.a.O.) verkündet einmal: »Dem großen Detektiv, der sich seines Könnens sicher ist, kann die Welt lediglich zur Quelle des Abenteuers, die Verbrecherjagd zum Selbstzweck und nervenanspannenden Sport werden.« Und Sherlock Holmes sagt lapidar: »Ich spiele das Spiel lediglich um des Spieles willen« (»Der sterbende Sherlock Holmes«, S. 170). Dem Werk der Verknüpfung, das in der Wirklichkeit die Menschen auf das Obere bezieht, entspricht in den niederen Regionen das der abgefallenen ratio, deren Verknüpfung einen Sinn nicht kennt. Meint, im Falle der Transzendierungen des ästhetischen Gebildes, der Detektiv nicht selber das in der Spannung erfahrbare Geheimnis, das nur im Medium nicht gemäßer Kategorien der unmittelbaren Begegnung sich entzieht, wird mit ihm vielmehr das Höhere gemeint, das er verstellt, so ist er statt des Verknüpften und Ethischen die bloße Indifferenz, und das Wer und Was, das er als Meinender repräsentierte, geht unter in dem substanzlosen Wie der Methode. Es hat seinen guten Grund, daß sowohl August Dupin wie Sherlock Holmes, ehe sie zur Bearbeitung der jeweiligen Fälle schreiten, spielerische Denkübungen vornehmen, die rein der Darbietung der Methode dienen. »Aber weshalb türkisch?« fragt Holmes den eintretenden Watson. Watson versteht nicht, er meint, die Frage beziehe sich auf seine Schuhe; diese seien bei Latiner in der Oxfordstreet gekauft, antwortet er, also englisch, und Holmes – Holmes lächelt mit einem Ausdruck »milder Geduld«. Er lächelt müd und entwickelt dem schwerfälligen Trabanten die lange Kette von Überlegungen, die unwiderstehlich zu dem Schlusse drängt, daß Watson heute morgen in einer Droschke gefahren sei, nachdem er zuvor ein türkisches Bad genommen. Wie immer, so findet Watson nachträglich alles sehr plausibel, und nun geht die eigentliche Geschichte an. Präludien dieser Art sind typisch und entkräften die sachliche Bedeutung der Entwirrung des Falles. Sie beweisen ästhetisch, daß der Detektiv nicht eingesetzt wird, um ein Verbrechen aufzudecken, sondern daß das Verbrechen geschieht, damit er den Zusammenhang des Mannigfaltigen stifte. Die ratio, die er personifiziert, ist von dem Seinsgrund losgerissen und kann darum auf ein Sein nicht zielen; sie tilgt ihrer Absicht nach jede Bedeutung und erschöpft sich in der Methode der Erzeugung eines Zusammenhangs von etwas, das nicht ist, in der Verfahrungsart als solcher, die mit nichts verfährt. Ein Beispiel für die Priorität der Methode ist der Film »Der Amateurdetektiv«, der nach dem Krieg in der Reihe der Stuart-Webbs-Filme in Deutschland vorgeführt wurde. Webbs (von Ernst Reicher gespielt) stellt in ihm die These auf, daß ein gerissener Verbrecher, sozusagen ein Detektiv-Genie also, sich allen seinen Verfolgern leicht entziehen könne, und schließt mit den protestierenden Klubgenossen die Wette, er selber wolle sich bei kurz befristetem Vorsprung vierundzwanzig Stunden vor ihren Blicken verbergen und wenn sie die ganze Meute auf ihn hetzen. Er geht, wird nicht gesehen und siegt mit dem ganzen Charme, der ihm eignet. – Dieser »Fall« erhebt nicht nur den Triumph des Wie über das Was zur Evidenz, er bestätigt auch, daß innerhalb des Detektiv-Romans dem Humor eine Aufgabe zugewiesen ist: die Aufgabe nämlich, die Selbstherrlichkeit des von der ratio zu vollziehenden Prozesses, seine Unabhängigkeit von jedem Sinn ästhetisch zu bekunden. Im Laufe der Entwicklung des Detektiv-Romans zum fixierten Typus ist ihm eine immer größere Rolle eingeräumt worden. Er beraubt den Verbrecher seiner

Realität, durchbricht die Unheimlichkeit der Situation und erteilt dem Geschehen den Charakter eines um der ratio willen arrangierten Spiels. Die Funktion, die er hier übernimmt, ist aus seiner Bedeutung als Existenzbestimmung abzuleiten. Während die existentielle Ironie eine Form ist, in der dem Bedingt-Seienden das Bewußtsein seiner Bedingtheit sich mitteilt, ist der existentielle Humor eine Form, in der das Bedingt-Seiende trotz des Bewußtseins seiner Bedingtheit sich bekräftigt. Dem Humor liegt die Einsicht in die Grenze des Bedingten gegen das Unbedingte, in den Widerstreit zwischen dem Endlichen und dem Unendlichen zugrunde, wobei es ästhetisch im Vorletzten belanglos ist, welcher Sinn dem Unbedingten beigemessen wird. Diesen die Wirklichkeit konstituierenden Widerstreit erfährt der Humor weder als tragisch – wenn er auch die Erkenntnis seiner Tragik einschließen mag –, noch entnimmt er ihm die Gewißheit, daß Erlösung bereitet sei – vielmehr: er wendet sich von der Erkenntnis des Widerstreites zurück zum unvollständigen und unangemessenen Endlich-Seienden, das er in all seiner Begrenztheit bejaht, weil es nun doch einmal ist, und zwar aus dem Unbedingten ist. Demaskiert und tilgt die Ironie jede Sicherheit des Seienden, die sich als unbedingt gebärdet, so gibt der Humor dem Seienden die Sicherheit, die in seiner Bedingheit ihm zusteht; jene weiß sich im Angesicht des Unbedingten, dem niemand sonst zublickt, dieser kehrt dem Endlichen sich zu, weil er hinter seinem Rücken die Unendlichkeit weiß. Ironie sowohl wie Humor sind der Schranke inne, die das Seiende beschränkt; beide aber verhalten sich verschieden zu ihr: Ironie findet ihr Lächeln nur, wenn sie der blinden Lächerlichkeit den Abgrund eröffnet, der das Hier trennt von dem Dort, der Humor dagegen kennt das Lachen, denn Lächerlichkeit ist ihm die Bekräftigung des Seienden diesseits der Grenze. Kierkegaard freilich urteilt anders, er weist der Ironie einen geringeren Rang an als dem

Humor. Sie hat nach ihm der Unmittelbarkeit des ästhetischen das ethische Bewußtsein zu vermitteln, während dieser die letzte Immanenz-Bestimmung vor der religiösen Sphäre ist und auch das Ethische noch umgreift. Eine Abstufung, die aus der Gebundenheit seiner Phänomenologie an die entscheidende Kategorie der Absurdität des Glaubens folgt – an jene Kategorie, die nicht den Sprung zum Unbedingten, sondern den Glauben an die einmalige Erscheinung des Unbedingten in der Zeit als das Letzte setzt. Wo der Glaubenssprung aber gewagt wird, da muß die Ironie zurückweichen, wird durch diesen Sprung doch das Bewußtsein der Grenze gelöscht. Mag sie im Kierkegaardschen Sinne als ethische Bestimmung fungieren, die das Ästhetische in seiner Unmittelbarkeit stutzig macht, ohne daß sie damit auf das Glauben paradox hinzuweisen hätte, sie reicht nicht in die religiöse Sphäre wie der Humor, der nach ihm insofern kapituliert, als er das Leiden der Existenz in Form des Scherzes widerruft. Wird indessen die Wirklichkeit lediglich durch den Begriff der Spannung umrissen, der das christliche Glaubensparadoxon noch nicht einschließt, so treten an die Stelle der materialen Kierkegaardschen Unterscheidungen jene formalen Grenzbestimmungen, die Ironie und Humor rein als existentielle Verhaltungsweisen kennzeichnen und im übrigen auf eine Fixierung ihres Orts innerhalb der Existenzsphäre verzichten, eine Fixierung, die nur in der positiven Beziehung zum Unbedingten möglich wäre. Daß die Ironie im Detektiv-Roman nicht mehr die Existenzhaltung sein kann, die der letzten Unsicherheit des ironisch Überführenden entspringt, ist dargelegt worden; statt den Anspruch des Bedingten auf die Unbedingtheit zu erschüttern, wird sie zur Düpierung der Polizei durch den Detektiv. Auch der Humor muß seinen Sinn verkehren, wenn die ratio sich abkehrt vom Sinn. Da sie durch ihre Emanzipation das Seiende zu zerstören trachtet, ist ihm das Auftreten in der existentiellen Bedeutung verwehrt, die gerade die Bejahung des Seienden in und trotz seiner Bedingtheit aus dem Wissen um die es gründende Unbedingtheit heraus zur Aufgabe machte. Das Unbedingte ist im Detektiv-Roman die ratio selber, und wächst der Humor in der Wirklichkeit der Spannung zu dem Oberen hin, aus dem das Seiende ist, so dient er hier dem Prinzip, das alles Seiende funktionalisiert. Er verneint in den unteren Bereichen die Realität des Gegebenen, aus dem die ratio erst den Gegenstand erzeugt, statt die Wirklichkeit als gezeugte zu bekräftigen, die trotz ihrer Bedingtheit ein Seiendes ist. – Durch diese ästhetische Aufhebung der Bedeutungsschwere des Dinghaften wird der Akzent in verstärktem Maße auf den rationalen Prozeß gelenkt, der nun, ungehindert durch den Sinngehalt des Gegebenen, rein aus sich selber sich zu entfalten scheint. – Daß er einem wie immer gearteten fremden Zweck sich nicht unterwerfe, beweist zuletzt seine Auflösung, die im typischen Detektiv-Roman stets enttäuscht. Das Geheimnis, das einen Sherlock Holmes in Bewegung setzt, entpuppt sich last and least als irgendeine Tatsache, die an sich nichts besagt. Auch ein moralisches Fazit wird in den seltensten Fällen oder beiläufig nur gezogen. Sind alle zum Verständnis des Zusammenhangs erforderlichen Aufklärungen gegeben, so werden die Folgen, die für den Verbrecher aus seiner Tat entfließen, en bagatelle behandelt; daß seine inneren Schicksale ausscheiden, ist nur recht und billig. Aber oft genug erfährt man nicht einmal, ob der Arm der Gerechtigkeit sich seiner bemächtigt hat. Dieser Abschluß, der in Gleichgültigkeit versinkt, ist die von der ratio erwirkte Verzerrung des Seins – auf das die Verknüpfung zielt. Eine Vorkehr des Seins: nichts anderes wird in der Spannung erharrt, und das Harren fände sein Ende erst, wenn am Ende die Innerlichkeit rein und genannt erschiene. Der Sinn der Beziehung ist die Verbundenheit mit dem Oberen, das Hervortreten des Wesens, der Durchbruch des neuen Menschen, der Stück um

Stück seiner früheren Hüllen abwirft, um, soweit es Menschen vergönnt, aus dem Geheimnis zu leben. Nicht dem Werden als solchem, sondern dem Sein, das wird, eignet die Bedeutung, und ist der Weg nicht der Weg einer Seele, die sich in der Verknüpftheit entschleiert – als unbegangener Weg führt er nirgendwo hin. Die Läuterung meint den Geläuterten, die Bekehrung den, der umgekehrt ist; das verwandelte Wesen verbürgt die Erfüllung und nicht der Prozeß der Wandlung; der Träger des Aktes wird erfragt, nicht aber der leere Akt. Die Verknüpfung ist darum kein Selbstzweck, sie gilt dem Sein, das aus ihr erwächst und zur Mitte des Handelns wird. Da die ratio den Widerstand des Seienden brechen muß, um sich in ihrer Unbedingtheit zu bewahren, die freilich durch die Entstaltung des Gegebenen sich selber mitzuvernichten droht, beraubt sie auch den von ihr eingeleiteten Prozeß der Haft an irgendeiner Substanz. Der ästhetische Aufweis seines Leerlaufs gipfelt aber darin, daß ihm der Detektiv-Roman, sofern er seine Ausgangsposition einnimmt, den Abschluß entzieht, der ihm einen Sinn einzuhauchen vermöchte. Die Banalität der Fakten, die der Verborgenheit entrissen werden, bestätigt ausdrücklich, daß der Sinn des Prozesses sich in der Herstellung des sinnlosen Immanenz-Zusammenhanges erschöpft, daß das Wesen, das in der Verknüpfung erscheint, der kahlen Nichtigkeit weicht, wenn die ratio sich zum Grund des Etwas erhebt. Nichts bezeugt genauer die Abgelöstheit der rationalen Handlung von der Bedeutung als eben der klanglose Untergang dieser Handlung im Faktum, das nur Glied des Zusammenhanges ist, nicht gehaltvolles Sein, als die Vernachlässigung des moralischen Effekts wie überhaupt aller Konsequenzen, die der Fall in der Dimension des Sinnes etwa hat. Der Prozeß verpufft am Ende, und so ist es freilich gefordert; denn winkte ihm eine Erfüllung, er könnte sich als Prozeß nicht erfüllen, und wäre ein Ziel ihm gegeben, er fände das Ziel nicht in seinem Ablauf, der ein Ziel sonst nicht kennt.

Das Gefühl, das der entscheidenden Handlung des Detektiv-Romans antwortet, ist das der Spannung schlechthin. Spannung erzeugt der Kampf zwischen Spieler und Gegenspieler, Spannung die Ungewißheit, wie das Geheimnis sich aufklären werde. Ein musterhafter Detektiv-Roman erheischt von sich aus, daß man atemlos ihn verschlinge und zum Aufatmen erst gelange, wenn der Fadenknäuel plan sich entbreitet. Die Gehaltlosigkeit solcher Spannung entwird aus der Seelengestalt des hingespannten Menschen. Er, der sich ausrichtet auf das Obere, lebt mit seiner ganzen Seele in der Beziehung und mag, seinem jeweiligen Verhältnis zum Geheimnis gemäß, alle Stufen der Verzweiflung, des Enthusiasmus, der Beseligung durchmessen. Der Sinn dieser seelischen Konfigurationen wird von oben her bestimmt; ihr Eintritt unterliegt nicht den Gesetzen der Immanenz, sondern ist an die gesamtmenschliche Situation gebunden, die sich ihrerseits aus der Weise der Verknüpftheit ergibt. Entscheidend jedenfalls ist, daß die ganze hingespannte Seele, nicht aber das Gefühl der seelischen Spannung an sich das Korrelat des Beziehungsereignisses bildet. Verdichten sich infolge der menschlichen Bedingtheit die Bedeutungen zu ontologischen Fixierungen, so fixieren sich entsprechend auch die »Seelenvermögen«, und gewissen Sinngehalten werden gewisse seelische Zuständlichkeiten eindeutig zugeordnet. In dem Maße, wie die ratio sich emanzipiert, löst die Seele sich ab von dem Gemeinten und maßt sich entweder die Fundierung der Zerrbilder jenes Gemeinten an oder zerstäubt in die schlechte Unendlichkeit der puren Immanenz-Beziehungen. Mag sie bei Kant noch dem zum Kategorischen Imperativ formalisierten Oberen das Gefühl der Achtung entgegenbringen, das als einzige der heteronomen Bedingtheit entzogene Seelengestalt hier erhalten bleibt – die zunehmende Sinnentfremdung des rationalen Prinzips entzieht auch ihren Teilbildungen die hinweisende Kraft und überläßt sie verlorenen Spielen. Der Detektiv-Roman, der für die Verknüpfung den Prozeß der ratio setzt, verfährt darum nur folgerichtig, wenn er die ästhetische Güte seiner Fabel nach dem Grad ihrer Spannung bemißt. Die erfüllte Seele, die sich nach oben spannt, wird in ihm zur Leerform der Seele, die sich in der eindimensionalen Spannung erfüllt. Die Spannung des Gesamtmenschen, die das Wirklich-Seiende in der Beziehung erschließt, weicht einer Gespanntheit des Ungespannten, die allein dem Ablauf der rationalen Bewegung noch gilt; und wird jene dadurch bestimmt, daß sie paradox über die Immanenz sich erstreckt, so zielt diese, die Paradoxie verleugnend, rein auf die Erzeugung des Immanenz-Zusammenhanges hin. Die Verknüpfung fordert die Seele in ihrer Ganzheit, die dem Nichts verfallene ratio kann statt der gespannten Seele nur die Spannung ohne Seele noch fordern, ihre des Gehalts beraubte Form, ihre Richtung, die der Substanz des Gerichteten ermangelt. Diese der rationalen Handlung zugeordnete Spannung ist kein sinnhaftes Gefühl, das aus der existentiellen Spannung geboren wäre, sondern der Reflex des immanent-zeitlichen Ablaufs der Begebenheiten in der entseelten Figur, genauer: die dem Erzeugungsprozeß korrespondierende Form der Seele, in der ihre Gehalte verschwinden.

Die Stellung, die dem Prozeßverfahren des Detektivs im Roman angewiesen wird, macht es zum ästhetischen Gleichnis des auf der Autonomie der ratio beruhenden philosophischen Systems, wie dieses sich selber erscheint, während die Polizei ästhetisch das System darstellt, wie es von der Wirklichkeit her erscheint. Da der Detektiv die ratio in der von ihr geprägten Welt personifiziert, sind ihm die Elemente dieser Welt so ohne Rest untertan, daß er bei ihrer Aneinanderreihung auf keinen Widerstand stößt. Diese Welt, in der er wirkt, ist seine Welt, sie ist ihm hingegolten, ist das gefügige Material der mit ihm gegebenen Kategorien. Entleert von Eigennamen tritt sie der unbezogenen ratio entgegen, die, ganz zu sich selber gelangt, den Anfang leicht mit dem Ende verschlingen mag, weil ihr dazwischen nichts bleibt. Die Bewältigung jedes Falles ist in der Tat die ästhetische Darbietung des idealen Systems, das so abgeschlossen ist, daß der progressus ad infinitum in ihm sich vollendet; nur freilich wird das Gleichnis der Bedeutungslosigkeit wegen, in der die ratio versinkt, der Not aller jener philosophischen Systeme nicht gerecht, die in die Dimensionen des Sinnes weisen, sondern konstruiert als Analogie zum Idealsystem lediglich den sinnfremden Immanenz-Zusammenhang. Die Handlung des Detektivs spiegelt das System, das rein aufgeht, da es nichts verarbeiten muß, und alles gewinnt, da es alles verloren hat. Zum Unterschied von ihm, das absurd zu Ende gedacht ist, entfaltet sich das durch die Polizei verkörperte in der ihm ungemäßen Welt – zwar nicht in der wirklichen, doch in der von der ratio entleerten, die das Negativ jener ist und darum das polizeiliche System genauso begrenzt, wie es von der Wirklichkeit geschähe. Die Analogien des polizeilichen Apparats mit dem System (vgl. S. 65 ff.) bestätigen, daß die um des Detektivs willen erfolgte Herabwürdigung des behördlichen Instruments dieses in die gleiche Situation zwingt, die dem expliziten System der Wirklichkeit gegenüber zukommt. Die Erstarrung der in der Beziehung empfangenen Weisungen zur Legalität entspricht der Auflösung jener Weisungen in ein allgemeines Prinzip, dessen wie immer gearteter Ansatz die Tilgung der Paradoxie des Existierens zur Voraussetzung hat, und die polizeilichen Willküraktionen, die von den legalen Bestimmungen aus gradlinig in die Leere fortschreiten, verhalten sich zur Wirklichkeit ebenso wie die Konstruktionen des Systems, die das Wirkliche meinen. Für die ästhetische Darstellung dieser Unangemessenheit des Systems bleibt es belanglos, ob sie aus dem Vergleich mit der Wirklichkeit oder ihrem Gegenbild sich ergibt. Das Gegebene, das die Kriminalpolizei im Detektiv-Roman nicht zu entwirren vermag, ist ein der ratio angepaßtes Mannigfaltiges, und der beamtete Scharfsinn versagt nur deshalb, weil er nicht unbedingt ist wie der des Detektivs. Ist an sich auch die Polizei, die das Legale vertritt, konkreter als der Detektiv im Roman, insofern dieser (in seiner Ausgangsposition) das Beisichsein der ratio ausdrückt, so stimmt doch ihr Verhältnis zur Unwirklichkeit mit dem des Systems zur Wirklichkeit durchaus überein. Beide – Polizei sowohl wie System – trachten danach, die Welt zu ermessen, und verfehlen sie gleich; nur daß in dem einen Falle die wirkliche Welt entschwindet, weil ihre Totalität erfragt wird, und in dem anderen die Totalität der unwirklichen sich entzieht. Die spiegelbildliche Verschiedenheit des Vollendeten – hier der Wirklichkeit, dort des detektivischen Bereichs – ändert nichts daran, daß sie von dem Unvollendeten in einem Sinn sich abheben. Das grundlose Nichts der ratio läßt den legal bedingten Intellekt so zurückprallen wie die in der Beziehung erfragte Antwort des Unbedingten das formale Prinzip des Systems, und das inspirierte Prozeßverfahren des Detektivs hält den polizeilichen Handlungen ähnlich Widerpart wie die auf Entscheidung und Hinnahme beruhende gesamtmenschliche Erkenntnis den systematischen Konstruktionen.

Ende

Das Ende des Detektiv-Romans ist der unbestrittene Sieg der ratio – ein Ende ohne Tragik, aber verquickt mit jener Sentimentalität, die ein ästhetisches Konstituens des Kitsches ist. Kein Detektiv-Roman, in dem nicht der Detektiv zuletzt das Dunkel lichtete und die banalen Fakten ohne Lücke erschlösse; wenige nur, die nicht irgendein Pärchen schließlich vereinten. Die Herrlichkeit solchen Ausgangs verzerrt im ästhetischen Medium das messianische Ende, ohne die Wirklichkeit einzubeziehen, in der das Ende sich weisen kann. Der ausgerichtete Mensch, dem das Hier der Erlösung bedarf, die hier nicht gegeben ist, erfährt die überwirkliche erst am Ende der Wirklichkeit, er steht in dem Ende nicht selber, er steht in der Spannung zu ihm hin, er lebt in den Zwischenreichen, nicht aber ist das Reich selber sein Leben. Wirklichkeit ist der Zwiespalt, die Zerrissenheit, das Geöffnetsein dem Öffnenden, das Haben und das Nichthaben zugleich, und die Versöhnung mag als Ahnung sich neigen, wenn das Getrennte existiert, das zu versöhnen wäre, sonst ist sie ein nichtiger Klang. Sie ist sichtbar nur, wenn in sie nicht eingesehen wird, sie ist Wirklichkeit nur, wenn sie jenseits der Wirklichkeit bleibt. Vor ihrem Beginn steht die Existenz, der Einsatz des Lebens, das dem Unbedingten verfallen und dem Bedingten nicht entrissen ist, die Tragik des Existierenden steht vor der Versöhnung, die Grundtragik des Menschlichen, daß das Vollkommene nicht zu verwirklichen, weil Wirklichkeit allein in der Beziehung zu ihm ist. Die Erfahrung dieser Tragik ist das Zeichen der Wirklichkeit, Entscheidung ist gefordert, Erlösung das Beschiedene. Dem Scheiternden wird sie erhofft, der ungebrochen sie Erhoffende scheitert. Denn nur wer in die Wirklichkeit dringt, kann von dem Überwirklichen ergriffen werden. Nähme er das Jenseitige vorweg, verlöre er sich in dem Unbedingten, statt in der Beziehung zu ihm sich zu gewinnen und wieder zu verlieren, er überginge die Existenz und vernichtete die Voraussetzungen des Erstrebten, das, als Strebensziel aufgestellt, zur Fata Morgana verrauschte.

Ist das Ende, so dort nur, wo Tragik ist. Dies zu erfahren, ist im Bereich des Menschlichen noch gelegen, während das Messianische in die menschliche Wirklichkeit nicht fällt oder nur einfällt. Gewiß, es verflüchtigte sich, wenn um seinetwillen die Wirklichkeit verflüchtigt würde. Im Märchen zwar bricht es als Erfüllung herein, doch in ihm ist es Märchen.* Der Detektiv-Roman stimmt mit der abschlußhaften Immanenz-Philosophie darin überein, daß er das Ende ohne die Wirklichkeit einbegreift. Da er die Spannung tilgt, entweicht er der existentiellen Paradoxie, da die ratio in ihm ihre Macht bekundet, ist der sie bestätigende Endsieg zum voraus bestimmt. Statt aus dem Handeln und Nichthandeln geboren zu werden, sind die Handlungen so geführt, daß er eintreten muß, statt in der Frage zu bleiben, gibt er als Gewißheit sich, die jeder Frage enthoben ist, statt denen zu gelten, die ihn nicht vorwegleben, wird er dem Detektiv zuteil, dem er in seinem Diesseits gegenwärtig ist. Aus der Kraft der von ihm vorgenommenen Identitätssetzungen maßt das autonome Denken in der Philosophie das Recht sich an, über das Ende zu verfügen, ohne in die Wirklichkeit getreten zu sein. Der durch die Nachfolge Kants eingeebnete Transzendental-Idealismus erkennt wohl (im ästhetischen Medium) die Kategorie des Tragischen an, ordnet

---

* [im Manuskript gestrichen:] Gilt für die Kunst überhaupt, daß sie die Erlösung meine, da sie Spiegel der Vollkommenheit ist, so macht ihre Intention sie noch nicht zum Märchen selber. Ihr Thema vielmehr ist die Wirklichkeit, die sie im Bezirk des Ästhetischen verknüpft, und nur insofern das Wirkliche auf die Erlösung hin ist, bannt sie den Abglanz von ihr.

sie aber als Glied dem Prozeß ein, der zu dem sicheren Ende führt. Tragik wird ihm zum Schein, denn wirklich ist sie dann nur, wenn die ungewisse Entscheidung das Einmalige, das Letzte bedeutet, das ein anderes Ende als ihres von sich aus nicht meint. Der Idealismus hingegen, der aus der Beziehung tritt, denkt über das in ihr nicht Überschaubare hinweg und entreißt, wie immer er den personenhaften Einsatz zu berücksichtigen wähne, das Beziehungs-Ereignis der Existenz, um es als Station des Weges zum Ende hin zu begreifen.

Indem er aber den Weg bestimmt, verhindert er sein Begehen, da die Wirklichkeit schwindet, wenn ihr Ziel Gewißheit ist. Wie der Idealismus in engerem Sinn, so verhält sich jedes Denken, das in sich selber den Abschluß zu haben glaubt: auch der Irrationalismus, der das ungreifbare Leben zwar ausspielt gegen die Setzungen der autonomen Vernunft, dieses Leben aber darum nicht minder prinzipiell zu umfassen sucht. Gleichviel, ob die idealistische Parole »Hab Sonne im Herzen« ausgegeben werde, nach der trotz dräuender Wolken das Ende mit Kling Klang Gloria naht, oder Schopenhauer-Hartmannscher Pessimismus das Gegenteil nicht prophetisch kündet, sondern systematisch setzt, gleichviel auch, ob der Anbruch der klassenlosen Gesellschaft zur immanenten Notwendigkeit sich verzerre, oder der Fortschritt in Permanenz sich erkläre, oder die Bewegung des Lebens selber eine letzte Genugtuung bereite – stets wird das Hier und Jetzt preisgegeben und ein Ende bestimmt, das Wirklichkeit als Bestimmung nur hätte. Eben die Vergegenständlichung des Letzten durch sein beziehungsloses Ergreifen entwindet es den menschlichen Bedingungen, unter denen sein Kommen steht, es tritt, wenn es ist, als Ende der durchmessenen unvollständigen Wirklichkeit hervor, die es meinen mag. Unbestimmt und schwankend sind die Aussagen über die Ankunft des Endes, sie geben sich weder als subjektive Willkürforderungen noch als objektiv fixierte Erkenntnisse, sie sind vielmehr Verkündigung oder Anruf und als solcher sagbar nur aus dem ungemeinen Einsatz der Existenz. Dieser Verankerung des Messianischen in der menschlichen Verknüpfung wegen kann das abschlußhafte Denken lediglich Teilausschnitte des in der Beziehung erfaßten Endes verabsolutieren. Es stellt trübe seine Unsichtbarkeit heraus, um sie selber als Ende zu proklamieren, es erklärt den Weg zum Letzten als das Letzte, oder es reißt die Ordnung des Reichs aus der Beziehung, in der sie wirklich ist, und nimmt sie blank und unbekümmert als gegeben hin. Dieses Vorgreifen, eine gewaltige Bedrängung, ist in der Gestalt der Setzung das Kennzeichen des idealistischen Denkens, das bei dem Ende beginnt und darum stets an dem Anfang durch die Scheinwirklichkeit zum Ende vorstoßen kann. Der Kitsch spiegelt die Verzerrung, die das Messianische durch solche Aneignung erfährt, in den ästhetischen Bereichen wider, wenn er versöhnlich schließt, ohne daß eine Wirklichkeit vorangegangen wäre. Schwerer kaum an existentieller Bedeutung wiegt eine jede Philosophie, die unter Nichtachtung der Innerlichkeit das System zu jenem Abschluß bringt, aus dessen spannungslosem Ansatz es erwachsen; und wenn am Ende die Harmonie sich herstellt, die dem Kundigen keine Überraschung bedeutet, hebt das gleiche Harmonium zu spielen an, das im Kino bei feierlichen Gelegenheiten (am Grab der Mutter, zur Weihnachtszeit) ertönt. Nur darin unterscheiden sich diese Philosopheme vom Kitsch, daß sie das Eigentliche meinen, ohne es zu erfüllen, während er eine Erfüllung findet, mit der das Eigentliche bloß gemeint ist. Die Setzung des Endes aber, die im spekulativen Idealismus sowohl wie in der ästhetischen Brechung des Detektiv-Romans nicht auf dem Einsatz beruht, ist sentimental, denn sie erhebt Anspruch auf die der Versöhnung zugehörigen Gefühle, ohne Wirklichkeit ihnen zu geben. Sentimentalität ist das der Beziehung entfallene leerlaufende

Fühlen, das aus Mangel an Nahrung sich selber befriedigt und das Halleluja des überwirklichen Endes in den Religionen der Unwirklichkeit erbrausen läßt. Sie entsteht wesentlich aus der Darstellung des Überwirklichen im Unterwirklichen, sie ist ihrer entscheidenden Bedeutung nach das die Erlösung meinende Gefühl, dem das Gemeinte fehlt, ein Echo der entfalteten Seele, in die niemand hineingerufen hat. Wirklichkeit gewinnt das Fühlen erst, wenn nach und jenseits des Tragischen ein Schimmer der Versöhnung erglänzt, dem es entgegenleuchtet. Auch solche Antwort des geprüften Herzens mag sentimental erscheinen, das Herz hätschelt gerne den Traum des Endes, und die Dichter verweilen bei ihm, malen ihn aus, ein Gemisch von Tränen und Lächeln, unentwirrbar dem Sinn. Diese Sentimentalität jedoch, die Goethe so gut wie Dostojewski und gewiß auch Cervantes kannte, ist nicht ein Fühlen ohne Gehalt, sondern ein Dahinströmen der Seele, die im Abglanz des übermächtigen Ereignisses sich zu regen beginnt. Hier auch ist das Gefühl allein, denn das Ereignis, dem es gilt, ist ungegeben. Aber dem Verstoßenen, der in der Wirklichkeit sich erfüllt hat, spiegelt die Heimat sich, die Seele quillt ihm über, die gewandert ist und mit der Ankunft traurig selig nun spielt. Nicht dieses Spielen derer, die das Menschliche einbezogen haben, ein verfrühtes Umschwärmen des Zieles ist die Sentimentalität im Detektiv-Roman. Die ratio, die alles an den Tag bringt, spricht dem verlorenen Fühlen ein, daß mit der Herstellung des unfragwürdigen Immanenz-Zusammenhangs zugleich das Ende sich zeige. Das Ende, das gar keines ist, da es nur eben die Unwirklichkeit beendet, lockt das Gefühl hervor, das irreal ist, und Lösungen, die keine sind, werden zum Schluß eingeführt, um den Himmel, den es nicht gibt, auf die Erde zu zwingen. So verrät der Kitsch das entwirklichte Denken, das in den Schein der höchsten Sphäre sich kleidet.

Beendet: 15. Februar 1925

Siegfried Kracauer im Suhrkamp Verlag

Schriften
Band 1: Soziologie als Wissenschaft; Der Detektiv-Roman; Die Angestellten
Band 2: Von Caligari zu Hitler. Eine psychologische Geschichte des deutschen Films (Erste vollständige deutschsprachige Ausgabe). Übersetzt von Ruth Baumgarten und Karsten Witte
Band 3: Theorie des Films. Die Errettung der äußeren Wirklichkeit
Band 4: Geschichte – Vor den letzten Dingen. Übersetzt von Karsten Witte
Band 5: Aufsätze I (in Vorbereitung)
Band 6: Aufsätze II (in Vorbereitung)
Band 7: Ginster; Georg
Band 8: Jacques Offenbach und das Paris seiner Zeit

Einzelausgaben
Das Ornament der Masse. Essays. st 371
Der Detektiv-Roman. Ein philosophischer Traktat. stw 297
Die Angestellten. Aus dem neuesten Deutschland. Mit einer Rezension von Walter Benjamin: Die Politisierung der Intelligenz. st 13
Geschichte – Vor den letzten Dingen. Aus dem Englischen von Karsten Witte. stw 11
Georg. BS 567
Ginster. BS 107
Jacques Offenbach und das Paris seiner Zeit. Herausgegeben von Karsten Witte. Mit 27 Abbildungen. es 971
Kino. Essays. Rezensionen. Glossen. Herausgegeben von Karsten Witte. st 126
Über die Freundschaft. Essays. BS 302

Theodor W. Adorno im Suhrkamp Verlag

Gesammelte Schriften
1–20 Herausgegeben von Gretel Adorno und Rolf Tiedemann.
Band 1: Philosophische Frühschriften
Band 2: Kierkegaard (in Vorbereitung)
Band 3: Dialektik der Aufklärung (in Vorbereitung)
Band 4: Minima Moralia (in Vorbereitung)
Band 5: Zur Metakritik der Erkenntnistheorie; Drei Studien zu Hegel
Band 6: Negative Dialektik; Jargon der Eigentlichkeit
Band 7: Ästhetische Theorie
Band 8: Soziologische Schriften I
Band 9: Soziologische Schriften II
Band 10: Prismen; Ohne Leitbild; Kritische Modelle: Eingriffe, Stichworte
Band 11: Noten zur Literatur
Band 12: Philosophie der neuen Musik
Band 13: Die musikalischen Monographien: Versuch über Wagner; Mahler; Berg
Band 14: Dissonanzen; Einleitung in die Musiksoziologie
Band 15: Komposition für den Film; Der getreue Korrepetitor
Band 16: Klangfiguren; Quasi una fantasia; Moments Musicaux; Impromptus
Band 17: Aufsätze zur Musik I (in Vorbereitung)
Band 18: Aufsätze zur Musik II (in Vorbereitung)
Band 19: Aufsätze zur Musik III (in Vorbereitung)
Band 20: Miszellen (in Vorbereitung)

Supplementbände
Band 21: Fragmente I: Beethoven (in Vorbereitung)
Band 22: Fragmente II: Theorie der musikalischen Reproduktion (in Vorbereitung)

edition suhrkamp
Eingriffe. Neun kritische Modelle. 1963. es 10
Drei Studien zu Hegel. 1963. es 38
Moments Musicaux. 1964. es 54
Jargon der Eigentlichkeit. Zur deutschen Ideologie. 1964. es 91

Ohne Leitbild. Parva aesthetica. 1967. es 201
Impromptus. Zweite Folge neu gedruckter musikalischer Aufsätze. 1968. es 267
Stichworte. Kritische Modelle 2. 1969. es 347
Kritik. Kleine Schriften zur Gesellschaft. 1971. es 469
Zur Metakritik der Erkenntnistheorie. 1972. es 590
Über Th. W. Adorno. Mit Beiträgen von Kurt Oppens, Hans Kudszus, Jürgen Habermas, Bernd Willms, Hermann Schweppenhäuser und Ulrich Sonnemann. 1968. es 249
Gesellschaftstheorie und Kulturkritik. 1975. es 772

Bibliothek Suhrkamp
Mahler. Eine musikalische Physiognomik. 1960. BS 61
Noten zur Literatur I. 1958. BS 47
Noten zur Literatur II. 1961. BS 71
Noten zur Literatur III. 1965. BS 146
Noten zur Literatur IV. 1974. BS 395
Minima Moralia. 1969. BS 236
Über Walter Benjamin. Herausgegeben von Rolf Tiedemann. 1970. BS 260

suhrkamp taschenbücher
Erziehung zur Mündigkeit. 1971. st 11
Versuch das »Endspiel« zu verstehen. Aufsätze zur Literatur des 20. Jahrhunderts I. 1973. st 72
Studien zum autoritären Charakter. 1973. st 107
Zur Dialektik des Engagements. Aufsätze zur Literatur des 20. Jahrhunderts II. 1973. st 134
Versuch über Wagner. 1974. st 177

suhrkamp taschenbücher wissenschaft
Ästhetische Theorie. 1973. stw 2
Philosophische Terminologie I. 1973. stw 23
Philosophische Terminologie II. 1974. stw 50
Kierkegaard. 1974. stw 74
Negative Dialektik. 1975. stw 113
Einleitung in die Musiksoziologie. Zwölf theoretische Vorlesungen. (1962) 1977. stw 142
Prismen. Kulturkritik und Gesellschaft. (1955) 1976. stw 178
Philosophie der neuen Musik. 1978. stw 239

Peter Szondi
Schriften

Schriften I
Theorie des modernen Dramas (1880–1950)
Versuch über das Tragische
Hölderlin-Studien. Mit einem Traktat über philologische
Erkenntnis
stw 219. 421 Seiten

Schriften II
Essays:
Satz und Gegensatz
Lektüren und Lektionen
Celan-Studien
Anhang:
Frühe Aufsätze
stw 220. 458 Seiten

Die Literaturwissenschaft darf nicht vergessen, daß sie eine Kunstwissenschaft ist; sie sollte ihre Methodik aus einer Analyse des dichterischen Vorgangs gewinnen; sie kann wirkliche Erkenntnis nur von der Versenkung in die Werke, in »die Logik ihres Produziertseins« erhoffen. Daß sie dabei nicht der Willkür und dem Unkontrollierbaren anheimzufallen braucht, jener Sphäre, die sie manchmal mit einer merkwürdigen Geringschätzung ihres Gegenstands die dichterische nennt, muß sie freilich in jeder Arbeit von neuem beweisen. Dieser Gefahr aber ins Auge zu sehen, statt bei anderen Disziplinen Schutz zu suchen, schuldet sie ihrem Anspruch, Wissenschaft zu sein.
»Mit Peter Szondi hat die vergleichende Literaturwissenschaft in Deutschland ... ihren einzigen Repräsentanten von weltweitem Ruf verloren.«   *R. R. Wuthenow*

Peter Szondi
Studienausgabe der Vorlesungen in 5 Bänden

Band 1:
Die Theorie des bürgerlichen Trauerspiels, im 18. Jahrhundert.
Der Kaufmann, der Hausvater und der Hofmeister.
Herausgegeben von Gert Mattenklott.
stw 15. 280 Seiten.

Band 2:
Poetik und Geschichtsphilosophie I. Antike und Moderne in der Ästhetik der Goethezeit. Hegels Lehre von der Dichtung.
Herausgegeben von Senta Metz und Hans-Hagen Hildebrandt.
stw 40. 537 Seiten.

Band 3:
Poetik und Geschichtsphilosophie II. Von der normativen zur spekulativen Gattungspoetik. Schellings Gattungspoetik.
Herausgegeben von Wolfgang Fietkau.
stw 72. 354 Seiten.

Band 4:
Das lyrische Drama des Fin de siècle.
Herausgegeben von Henriette Beese.
stw 90. 532 Seiten.

Band 5:
Einführung in die literarische Hermeneutik.
Herausgegeben von Jean Bollack und Helen Stierlin.
stw 124. 455 Seiten.

Alphabetisches Verzeichnis der suhrkamp taschenbücher wissenschaft

Adorno, Ästhetische Theorie 2
– Drei Studien zu Hegel 110
– Einleitung in die Musiksoziologie 142
– Kierkegaard 7
– Negative Dialektik 113
– Philosophie der neuen Musik 239
– Philosophische Terminologie Bd. 1 23
– Philosophische Terminologie Bd. 2 50
– Prismen 178
Apel, Der Denkweg von Charles S. Peirce 141
– Transformation der Philosophie, Bd. 1 164
– Transformation der Philosophie, Bd. 2 165
Arnaszus, Spieltheorie und Nutzenbegriff 51
Ashby, Einführung in die Kybernetik 34
Avineri, Hegel's Theorie des modernen Staates 146
Bachofen, Das Mutterrecht 135
Materialien zu Bachofens ›Das Mutterrecht‹ 136
Barth, Wahrheit und Ideologie 68
Becker, Grundlagen der Mathematik 114
Benjamin, Charles Baudelaire 47
– Der Begriff der Kunstkritik 4
– Trauerspiel 225
Materialien zu Benjamins Thesen ›Über den Begriff der Geschichte‹ 121
Bernfeld, Sisyphos 37
Bilz, Studien über Angst und Schmerz 44
– Wie frei ist der Mensch? 17
Bloch, Das Prinzip Hoffnung 3
– Geist der Utopie 35
– Naturrecht 250
– Philosophie d. Renaissance 252
– Subjekt/Objekt 251
– Tübinger Einleitung 253
Materialien zu Bloch, ›Prinzip Hoffnung‹ 111
Blumenberg, Aspekte der Epochenschwelle: Cusaner und Nolaner 174
– Der Prozeß der theoretischen Neugierde 24
– Säkularisierung und Selbstbehauptung 79
Böckenförde, Staat, Gesellschaft, Freiheit 163
Böhme/van der Daele/Krohn, Experimentelle Philosophie 205
Bourdieu, Zur Soziologie der symbolischen Formen 107
Broué/Témime, Revolution und Krieg in Spanien. 2 Bde. 118
Bucharin/Deborin, Kontroversen 64
Canguilhem, Wissenschaftsgeschichte 286
Childe, Soziale Evolution 115
Chomsky, Aspekte der Syntax-Theorie 42
– Reflexionen über die Sprache 185
– Sprache und Geist 19
Cicourel, Methode und Messung in der Soziologie 99
Claessens, Kapitalismus als Kultur 275
Condorcet, Entwurf einer historischen Darstellung der Fortschritte des menschlichen Geistes 175
Cremerius, Psychosomat. Medizin 255
Deborin/Bucharin, Kontroversen 64
Deleuze/Guattari, Anti-Ödipus 224
Denninger, Freiheitliche demokratische Grundordnung. 2 Bde. 150
Denninger/Lüderssen, Polizei und Strafprozeß 228
Derrida, Die Schrift und die Differenz 177
Dubiel, Wissenschaftsorganisation 258
Durkheim, Soziologie und Philosophie 176
Eco, Das offene Kunstwerk 222
Einführung in den Strukturalismus 10
Eliade, Schamanismus 126

Elias, Über den Prozeß der Zivilisation, Bd. 1 158
– Über den Prozeß der Zivilisation, Bd. 2 159
Materialien zu Elias' Zivilisationstheorie 233
Erikson, Der junge Mann Luther 117
– Dimensionen einer neuen Identität 100
– Gandhis Wahrheit 265
– Identität und Lebenszyklus 16
Erlich, Russischer Formalismus 21
Ethnomethodologie 71
Fetscher, Rousseaus politische Philosophie 143
Fichte, Politische Schriften 201
Foucault, Der Fall Rivière 128
– Die Ordnung der Dinge 96
– Überwachen und Strafen 184
– Wahnsinn und Gesellschaft 39
Friedensutopien. Kant/Fichte/Schlegel/Görres 267
Furth, Intelligenz und Erkennen 160
Goffman, Stigma 140
Gombrich, Meditationen über ein Steckenpferd 237
Griewank, Der neuzeitliche Revolutionsbegriff 52
Groethuysen, Die Entstehung der bürgerlichen Welt- und Lebensanschauung in Frankreich 2 Bde. 256
Guattari/Deleuze, Anti-Ödipus 224
Habermas, Erkenntnis und Interesse 1
– Theorie und Praxis 243
– Zur Rekonstruktion des Historischen Materialismus 154
Materialien zu Habermas' ›Erkenntnis und Interesse‹ 49
Hegel, Grundlinien der Philosophie des Rechts 145
– Phänomenologie des Geistes 8
Materialien zu Hegels ›Phänomenologie des Geistes‹ 9
Materialien zu Hegels Rechtsphilosophie Bd. 1 88
Materialien zu Hegels Rechtsphilosophie Bd. 2 89
Helfer/Kempe, Das geschlagene Kind 247
Heller, u. a., Die Seele und das Leben 80
Henle, Sprache, Denken, Kultur 120
Höffe, Ethik und Politik 298
Hörmann, Meinen und Verstehen 230
Holbach, System der Natur 259
Holenstein, Roman Jakobsons phänomenologischer Strukturalismus 116
Honneth/Jaeggi, Theorien des Historischen Materialismus 182
Jaeggi, Theoretische Praxis 149
Jaeggi/Honneth, Theorien des Historischen Materialismus 182
Jacobson, E. Das Selbst und die Welt der Objekte 242
Jakobson, R. Hölderlin, Klee, Brecht 162
– Poetik 262
Kant, Die Metaphysik der Sitten 190
– Kritik der praktischen Vernunft 56
– Kritik der reinen Vernunft 55
– Kritik der Urteilskraft 57
– Schriften zur Anthropologie 1 192
– Schriften zur Anthropologie 2 193
– Schriften zur Metaphysik und Logik 1 188
– Schriften zur Metaphysik und Logik 2 189
– Schriften zur Naturphilosophie 191
– Vorkritische Schriften bis 1768 1 186
– Vorkritische Schriften bis 1768 2 187
Kant zu ehren 61
Materialien zu Kants ›Kritik der praktischen Vernunft‹ 59
Materialien zu Kants ›Kritik der reinen Vernunft‹ 58
Materialien zu Kants ›Kritik der Urteilskraft‹ 60

Materialien zu Kants ›Rechtsphilosophie‹ 171
Kenny, Wittgenstein 69
Keupp/Zaumseil, Gesellschaftliche Organisierung psychischen Leidens 246
Kierkegaard, Philosophische Brocken 147
– Über den Begriff der Ironie 127
Koch, Die juristische Methode im Staatsrecht 198
Körner, Erfahrung und Theorie 197
Kohut, Die Zukunft der Psychoanalyse 125
– Introspektion, Empathie und Psychoanalyse 207
– Narzißmus 157
Kojève, Hegel. Kommentar zur ›Phänomenologie des Geistes‹ 97
Koselleck, Kritik und Krise 36
Kracauer, Geschichte – Vor den letzten Dingen 11
Kuhn, Die Entstehung des Neuen 236
– Die Struktur wissenschaftlicher Revolutionen 25
Lacan, Schriften 1 137
Lange, Geschichte des Materialismus 70
Laplanche/Pontalis, Das Vokabular der Psychoanalyse 7
Leach, Kultur und Kommunikation 212
Leclaire, Der psychoanalytische Prozeß 119
Lenneberg, Biologische Grundlagen der Sprache 217
Lenski, Macht und Privileg 183
Lepenies, Das Ende d. Naturgeschichte 227
Lévi-Strauss, Das wilde Denken 14
– Mythologica I, Das Rohe und das Gekochte 167
– Mythologica II, Vom Honig zur Asche 168
– Mythologica III, Der Ursprung der Tischsitten 169
– Mythologica IV, Der nackte Mensch. 2 Bde. 170
– Strukturale Anthropologie 1 226
– Traurige Tropen 240
Locke, Zwei Abhandlungen 213
Lorenzen, Konstruktive Wissenschaftstheorie 93
– Methodisches Denken 73
Lorenzer, Die Wahrheit der psychoanalytischen Erkenntnis 173
– Sprachspiel und Interaktionsformen 81
– Sprachzerstörung und Rekonstruktion 31
Lüdersssen, Autor und Täter 261
Lugowski, Die Form der Individualität im Roman 151
Luhmann, Theorie, Technik und Moral 206
– Zweckbegriff und Systemrationalität 12
Lukács, Der junge Hegel 33
Macpherson, Politische Theorie des Besitzindividualismus 41
Malinowski, Eine wissenschaftliche Theorie der Kultur 104
Marxismus und Ethik 75
Mead, Geist, Identität und Gesellschaft 28
Menninger, Selbstzerstörung 249
Merleau-Ponty, Die Abenteuer der Dialektik 105
Miliband, Der Staat in der kapitalistischen Gesellschaft 112
Minder, Glaube, Skepsis und Rationalismus 43
Mittelstraß, Die Möglichkeit von Wissenschaft 62
Mommsen, Max Weber 53
Moore, Soziale Ursprünge von Diktatur und Demokratie 54
Morris, Pragmatische Semiotik und Handlungstheorie 179
Needham, Wissenschaftlicher Universalismus 264
O'Connor, Die Finanzkrise des Staates 83
Oelmüller, Unbefriedigte Aufklärung 263
Oppitz, Notwendige Beziehungen 101

Parin/Morgenthaler, Fürchte deinen Nächsten 235
Parsons, Gesellschaften 106
Parsons/Schütz, Briefwechsel 202
Peukert, Wissenschaftstheorie 231
Phänomenologie und Marxismus, Bd. 3 232
Piaget, Das moralische Urteil beim Kinde 27
– Die Bildung des Zeitbegriffs beim Kinde 77
– Einführung in die genetische Erkenntnistheorie 6
Plessner, Die verspätete Nation 66
Polanyi, Transformation 260
Pontalis, Nach Freud 108
Pontalis/Laplanche, Das Vokabular der Psychoanalyse 7
Propp, Morphologie des Märchens 131
Quine, Grundzüge der Logik 65
Rawls, Eine Theorie der Gerechtigkeit 271
Redlich/Freedman, Theorie und Praxis der Psychiatrie. 2 Bde. 148
Ricœur, Die Interpretation 76
Ritter, Metaphysik und Politik 199
v. Savigny, Die Philosophie der normalen Sprache 29
Schadewaldt, Anfänge der Philosophie 218
Schelling, Philosophie der Offenbarung 181
– Über das Wesen der menschlichen Freiheit 138
Materialien zu Schellings philosophischen Anfängen 139
Schleiermacher, Hermeneutik und Kritik 211
Schlick, Allgemeine Erkenntnislehre 269
Scholem, Von der mystischen Gestalt der Gottheit 209
– Zur Kabbala und ihrer Symbolik 13
Schütz, Der sinnhafte Aufbau der sozialen Welt 92
Schumann, Handel mit Gerechtigkeit 214
Seminar: Abweichendes Verhalten I 84
– Abweichendes Verhalten II 85
– Abweichendes Verhalten III 86
– Angewandte Sozialforschung 153
– Dialektik, Bd. 1 234
– Entstehung der antiken Klassengesellschaft 130
– Entstehung von Klassengesellschaften 30
– Familie und Familienrecht Bd. 1 102
– Familie und Familienrecht Bd. 2 103
– Familie und Gesellschaftsstrukturen 244
– Freies Handeln und Determinismus 257
– Geschichte und Theorie 98
– Gesellschaft und Homosexualität 200
– Hermeneutik und die Wissenschaften 238
– Kommunikation, Interaktion, Identität 156
– Literatur und Kunstsoziologie 245
– Medizin, Gesellschaft, Geschichte 67
– Philosophische Hermeneutik 144
– Politische Ökonomie 22
– Regelbegriff in der praktischen Semantik 94
– Religion und gesellschaftliche Entwicklung 38
– Sprache und Ethik 91
– Theorien der künstlerischen Produktivität 166
Skirbekk, Wahrheitstheorien 210
Solla Price, Little Science – Big Science 48
Spinner, Pluralismus als Erkenntnismodell 32
Sprachanalyse und Soziologie 123
Sprache, Denken, Kultur 120
Strauss, Anselm, Spiegel und Masken 109
Strauss, Leo, Naturrecht und Geschichte 216
Szondi, Das lyrische Drama des Fin de siècle 90
– Einführung in die literarische Hermeneutik 124
– Poetik und Geschichtsphilosophie I 40
– Poetik und Geschichtsphilosophie II 72
– Schriften 1 219

- Schriften 2 220
- Theorie des bürgerlichen Trauerspiels 15

Témime/Broué, Revolution und Krieg in Spanien. 2 Bde. 118

Theorietechnik und Moral 206

Touraine, Was nützt die Soziologie? 133

Tugendhat, Vorlesungen zur Einführung in die sprachanalytische Philosophie 45

Uexküll, Theoretische Biologie 20

Umweltforschung – die gesteuerte Wissenschaft 215

Wahrheitstheorien 210

Waldenfels, Phänomenologie und Marxismus I 195
- Phänomenologie und Marxismus II 196
- Phänomenologie und Marxismus III 232
- Phänomenologie und Marxismus IV 273

Watt, Der bürgerliche Roman 78

Weimann, Literaturgeschichte und Mythologie 204

Weingart, Wissensproduktion und soziale Struktur 155

Weingarten u. a., Ethnomethodologie 71

Weizenbaum, Macht der Computer 274

Weizsäcker, Der Gestaltkreis 18

Winch, Die Idee der Sozialwissenschaft und ihr Verhältnis zur Philosophie 95

Wittgenstein, Philosophische Grammatik 5
- Philosophische Untersuchungen 203

Wunderlich, Studien zur Sprechakttheorie 172

Zilsel, Die sozialen Ursprünge der neuzeitlichen Wissenschaft 152

Zimmer, Philosophie und Religion Indiens 26

Suhrkamp Verlag GmbH
Torstraße 44, 10119 Berlin
info@suhrkamp.de
www.suhrkamp.de